귀 있는 자는 2

have an ear

저자 서문

성도 여러분!

예수님 다시 오실 때가 다 된 것이 분명 합니다.

우리가 살아 있는 중에도 오실 수 있겠다는 생각을 해야 되겠습니다. 신부가 신랑을 기다리는 것처럼 다시 오시는 주님을 사모하여 기다립시다.

그리고 예수님 안에서, 성령님을 따라, 하나님 영광을 위해 삽시다.

우리가 알고 있는 성경 지식 중에 바르지 못한 해석과 바르지 못한 번역을 찾아 고칩시다.

그리고 사도신경을 신앙고백으로 고칩시다. 아멘!

2023. 10. 31.

이재학

차 례

제1부
clouds of heaven

제1장 노아의 방주 제작 기간에 대한 고찰

필자는 "마라나타 2"에서 노아의 방주 제작 기간을 "최장 70년"이라고 추산했었습니다(참고 : 마라나타 2. 398-402. 노아의 방주).

그 후 우리 교회 다른 장로님은 설교에서 40-50년이라고 하셨습니다. 인터넷 검색을 하여 보니 최장 120년에서 최단 5년까지 다양하게 추산하고 있었습니다.

그래서 이번에는 좀 더 심도 있게 고찰해 보려고 합니다.

1. 방주 제작 기간 추산에 고려할 사항

▶ 120년은 무슨 기간인가?

▶ 방주 제작을 시작한 때는 노아의 세 아들이 결혼 한 후인가? 결혼 전인가?

▶ 재료로 쓰인 잣나무는 통나무인가? 판재인가?

▶ 방주의 형태는 유선형인가? 직육면체인가?

▶ 선박 제조 기술자가 추산한 기간은 얼마인가?

2. 방주 제작 절차

1) 재료 준비
벌목 -> 건조 -> 판재 가공

2) 방주 제작
방주 제작 -> 방부, 방수 작업(역청을 칠함)

3) 승선 준비
식량 예비(사람과 동물용)

4) 승선
사람 : 노아의 식구 8명
동물 : 정한 동물 암수 7쌍씩, 부정한 동물 암수 2쌍씩. 새 암수 7쌍씩

3. 120년은 무슨 기간인가?

1) 120년은 심판 예고 기간이다
창 6:3, "그들의 날은 일백이십 년이 되리라."

하나님께서 타락한 세상을 120년 동안 더 참아주시고, 그 후에 심판하시겠다는 말씀입니다.

창 6:5-7, "사람의 죄악이 세상에 관영함과 그 마음의 생각의 모든 계

획이 항상 악할 뿐"

이 120년은 방주 제작 기간이 아니고, 하나님의 심판 예고 기간입니다.

2) 방주 제작 지시 시기는 노아가 세 아들을 낳은 후

노아가 하나님께 방주 제작 지시를 받은 때는 세 아들을 낳은 후입니다.

창 6:10-14, "그가 세 아들을 낳았으니 너를 위하여 방주를 짓되"

노아가 502세에 셈을 낳았습니다.

창 5:32, "노아가 500세 된 후에 셈과 함과 야벳을 낳았더라."

창 11:10, "셈은 100세 곧 홍수 2년에 아르박삿을 낳았고"

그러므로 노아가 하나님께 방주 제작 지시를 받은 때는 노아 502세 이후입니다.

4. 방주의 형태는 직육면체다

1) 방주의 규모

창세기 6:15, "그 방주의 제도는 이러하니 장이 삼백 규빗, 광이 오십 규빗, 고가 삼십 규빗이며"

1 규빗은 45.6cm입니다.

그러므로 방주의 크기는 길이 136.8m, 넓이 22.8m, 높이 13.68m입니다.

이 방주는 운항이 목적이 아니고 물위에 떠있기만 하는 것이므로 일반적인 배의 모습인 유선형일 필요가 없고, 바지선 형태의 직육면체였다고 봅니다.

창세기 7:18, "방주가 물 위에 떠다녔으며"

또한 돛이나 노나 닻이나 키가 없습니다.

2) 방주의 크기를 아파트와 비교해봅니다

아파트 한 층의 높이는 2.6-2.7m입니다.

13.68m(방주의 높이) ÷ 2.7m = 5층.

우리 아파트의 넓이는 내측 8.0m에 앞 뒤 베란다 각각 1.6m로 11.2m입니다.

22.8m(방주의 넓이) ÷ 11.2m = 2채

5층짜리 아파트 두 채를 붙여서 길이를 136.8m로 한 것과 같습니다.

3) 솔로몬의 성전과 비교해봅니다

성전 : 넓이 20 규빗, 높이 30 규빗, 길이 60 규빗.

방주의 크기는 성전에 비해 넓이가 2.5배, 높이는 같고, 길이는 5배입니다.

5. 배의 재료는 판재를 썼다

1) 판재 사용

그때 당시(홍수 시기는 왕상 6:1 애굽 땅에서 나온 지 480년이요 솔로몬이 이스라엘 왕이 된지 4년에서 창세 시까지 추산하여 본 결과 BC 2458년 경 임) 기술로 과연 판재를 만들 수가 있었겠는가 하는 의문이 듭니다만, 잣나무를 판재로 가공하여 사용한 것으로 봅니다.

창 4:22, "그는 동철로 각양 날카로운 기계를 만드는 자요."

그때 이미 동과 철을 사용하여 무기나 생활 도구를 만들어 썼습니다. 물론 지금 같은 동력 회전 톱은 없었지만, 나무를 켤 수 있는 쇠톱은 있었다고 봅니다.

2) 통나무는 아닐까?

이 주제의 글을 완성하고 거의 한달 가까이 된 5월 3일 오늘도 늘 하던 대로 동네 공원 언덕을 올라갔다.

아주 곧게 자란 소나무가 한 그루 있다. 볼 때마다 "어쩌면 저렇게 곧게 자랄까" 하던 나무다.

눈대중으로 대충 잰 높이는 20m는 넘으리라. 그리고 밑동의 직경이 25~30cm 정도 되 보인다.

그런데 오늘은 배드민턴 실내 체육관과 광장 사이에 일렬로 서있는 여러 그루의 메타세콰이어가 눈에 들어왔다.

높이는 20m는 훨씬 넘어 보이고 밑동 굵기는 30cm 안팎으로 보인다. 만약에 방주 재료인 잣나무가 이 정도 크기라면 뭐 톱으로 켜서 판재를 만들 여지도 없는 것이다.

나무 높이가 20m가 넘으니 방주의 폭 30 규빗(22.8m)에 도달한다. 또 한 가지 생각해 볼 것은 벌목과 목재 가공 도구인 도끼나 톱에 대한 기록이 도끼는 신명기 19:5, 톱은 삼하 12:31에 처음 등장한다는 점이다.

신명기는 모세 시대이고 삼하는 다윗 왕 시대이므로 이때는 노아 시대로부터는 1000년에서 1500년 후가 된다.

방주에 통나무가 쓰였을 경우도 고려해 볼만하다.

6. 창 6:13-21을 한 문장으로 보느냐? 두 문장으로 보느냐에 따라 다르다

1) 한 문장으로 보면

한 문장으로 보면 노아의 세 아들이 결혼 한 후에 하나님께서 방주 제작 지시를 하신 것으로 보게 됩니다.

한 문장으로 본다는 것은 13-21의 말씀 전체를 방주 제작 지시 당시에 한꺼번에 주신 말씀으로 본다는 뜻입니다.

우리의 그간 해석에서 세 아들이 결혼한 후에 방주 제작 지시를 하신 것으로 보는 근거가 바로 18절의 "자부들과 함께" 이 구절 아닙니까?

이 해석의 문제점은 하나님께서 방주 제작 전에 이미 승선 인원을 노아의 식구 8명으로 제한하신 것처럼 되는 큰 오류를 가지고 있습니다.

2) 두 문장으로 보면

13-16 : 방주 제작 지시 - 방주 제작 전에 주신 말씀

17-21 : 승선(준비) 지시 - 방주를 다 만든 때 주신 말씀

3) 필자의 견해

두 문장으로 보아야합니다.

왜냐하면, 한 문장으로 보면 18절의 방주 승선 인원 8명을 방주를 짓기 전에 미리 정해 주신 것처럼 되기 때문입니다.

13-21을 한 문장으로 보면 이렇게 해석됩니다.

13-16 : 방주를 만들어라.

17-21 : 방주에 들어가라.

13-21 : (너는) 방주를 만들어서(너희 8식구만) 방주에 들어가라.

그러면 방주에 탈 사람을 사전(방주 짓기 전)에 노아의 여덟 식구만으로 제한하신 것이 됩니다.

벧전 3:20, "그들은 노아의 날 방주 예비 할 동안 하나님이 오래 참고 기다리실 때에"

눅 17:27, "노아가 방주에 들어가던 날까지 사람들이 먹고 마시고 장가들고 시집가더니"

하나님께서는 노아가 방주를 예비하는 긴 세월 동안 사람들이 회개하고 돌아오기를 기다리신 것입니다.

그러나 아무도 오지 않아 결국 방주에는 노아의 여덟 식구만 타게 된 것입니다.

그래서 13-16절의 말씀은 물론 방주 제작 전에 주신 말씀이고, 17-21절의 말씀은 방주를 (거의) 다 만든 때 주신 말씀으로 보아야 합니다.

7. 결혼 후에 방주 제작 지시를 하신 것으로 볼 경우의 문제점

이 경우는 방주 제작 기간과 세 아들의 결혼생활 기간이 같게 됩니다.

과연 몇 십 년 결혼생활 중에 아이가 생기지 않을 수가 있는가?

홍수 후에 며느리들이 자녀를 낳기 시작하는데 그때 과연 이 여성들이 임신이 가능한 나이인가?

홍수 전 사람들이 첫 아이를 낳은 나이가 65-187세 이고, 셈은 홍수 후 2년인 100세에 아르박삿을 낳았고, 홍수 후 사람들은 30-70세에 첫 자녀를 낳았습니다.

또한 결혼하고 첫 아이를 낳기까지 아브라함의 처 사라는 최소 25년 이상, 이삭의 처 리브가는 20년 걸렸습니다.

며느리들이 결혼생활 내내 아이도 낳지 않고 방주 짓는 일만 거들었다는 것인가?

위 두 사람 외에도 아이를 낳지 못하는 문제로 애를 먹은 사무엘의 어머니 한나, 르무엘 왕의 어머니(잠언 31장), 세례 요한의 어머니 엘리사벳을 생각해 볼 수 있습니다.

물론 하나님의 섭리로 어떤 경우도 가능합니다만, 그래도 우리가 한 번쯤 고려해 볼 사항인 것이라고 생각 됩니다.

8. 방주 제작 기간에 대한 결론

1) 우리의 해석에 치명적인 오류가 있었다

그것은 바로 창 6:13-21의 말씀을 "한 문장"으로 본 것과, 또한 18절의 "자부들"이란 문구가 있는 것 때문에 "노아의 세 아들이 결혼 한 후에 하나님께서 방주 제작 지시를 내리신 것으로" 해석한 것입니다.

그로 인하여 우리는 하나님의 본의가 아니게 하나님께서는 방주를 만들기 전에 이미 승선 인원을 노아의 8식구로 제한하신 것으로 오해하는 큰 잘못을 범하고 있는 것입니다.

더 큰 문제는 우리가 이렇게 틀린 해석을 가지고 있으면서 그것이 틀린 사실을 까맣게 모르고 있다는 사실입니다.

창 6:13-21은 13-16의 방주 제작 지시(방주를 만들기 전에 주신 말씀), 17-21의 승선 준비 지시(방주를 다 만든 때 주신 말씀)의 두 가지로 분리하여 해석하여야합니다.

(1) 방주의 문은 열려있었다

방주의 문은 하나님께서 닫으시기 전에는 항상 열려 있었습니다.

누구든지 와서 들어가기를 청하면 다 들어갈 수 있었던 것입니다.

창 7:16, "여호와께서 그를 닫아 넣으시니라."

(2) 하나님께서는 기다리셨다

하나님은 사람들이 회개하고 돌아오기를 기다리셨습니다.

벧전 3:20, "하나님이 오래 참고 기다리실 때에"

(3) 노아는 전도하였다

벧후 2:5, "오직 의를 전파하는 노아와 그 일곱 식구를"

노아는 방주를 지으며 복음을 전한 것입니다.

☑ 참고 : 홍해 바닷길은 한강보다 넓다 2. 181-184. 베드로서 이해하기

(4) 승선 인원을 사전에 제한하지 않으셨다

노아가 방주를 지으며 전도하는 오랜 세월 동안 하나님께서 사람들이 회개하고 돌아오기를 기다리셨지만 아무도 오지 않아 결국 방주에는 노아의 8식구만 들어가게 된 것입니다.

(5) 하나님께서 노아에게 방주 제작 지시를 하신 때는 노아의 세 아들이 태어난 후가 분명합니다(창 6:10, 14).

그러나 세 아들이 결혼을 한 후인지, 결혼하기 전인지는 단정 지을 수 없는 것입니다.

왜냐하면 18절("너는 … 방주로 들어가고") 말씀을 방주제작 지시를

하실 그때 한꺼번에 주신 말씀으로 보아서는 결코 안 되기 때문입니다.

방주 제작 기간이 아주 짧아서 몇 날 또는 몇 달이라면 모를까 수 년 내지 수십 년 걸린 것이라면 더욱 그렇습니다.

하나님께서 몇 십 년 치 일을 그렇게 한꺼번에 지시하시지 않으셨을 것이 분명합니다.

2) 방주 제작 기간이 길었다고 보아야 하는 근거

벧전 3:20, "방주 예비할 동안 하나님이 오래 참고 기다리실 때"

하나님께서 "오래 참고 기다리신" 시간이 과연 얼마일까?

그러나 목재가 수십 년 동안 부패하지 않을 수가 있는가? 하는 문제도 고려해 보아야 합니다.

우리 동네 공원 언덕에 목책이 있습니다, 친환경이고 자연적인 나무 울타리, 코로나19 이전에는 보기 좋았습니다. 아주 정서적이고, 그런데 수년이 지난 지금은 다 썩어서 넘어져 있습니다.

3) 방주 제작 기간이 짧았다고 볼 수 있는 근거

"그 끝 날이 내 앞에 이르렀으니" : 창 6:13의 이 말씀은 창 6:3의 120년이 다 되어가는 때에 노아에게 방주 제작 지시가 내려온 것으로 보아야합니다.

선박 제조 기술자가 공정 견적을 내서 기간 산정을 한 자료가 있으면 참고가 되겠습니다.

4) 기간을 단정 하여 추산하는 것은 바람직하지 않다

노아가 방주 제작 지시를 받은 때는 세 아들을 낳은 후가 또한 분명하므로 노아 502세 이후가 되며, 120년이 방주 제작 기간이 아닌 것이 분명합니다.

그러나 위에서 살펴 본 여러 이유와 조건으로 보아 방주 제작 기간을 특정 하는 것은 매우 어려운 일입니다.

방주 제작 기간은 최단 기간 1년에서 최장 기간 98년 사이에 분명히 있습니다.

그러나 그 기간을 우리는 알 수 없는 것입니다.

그 기간을 확정하는데 매이지 않는 것이 좋겠습니다.

5) 창 6:13-21은 두 문장으로 나누어 읽어야한다

창 6:13-21은 한 문장으로 보면 안 됩니다.

두 문장으로 나누어서, 13-16을 한 문장으로, 17-21을 또 한 문장으로 이렇게 두 문장으로 나누어서 보아야합니다.

창 6:13-16 : 방주 제작 지시 - 방주를 만들기 전에 주신 말씀

창 6:17-21 : 방주 승선(준비) 지시 - 방주를 다 만든 때 주신 말씀

6) 세 아들의 결혼과 방주 제작 지시

노아가 방주 제작 지시를 받은 때가 세 아들이 결혼하기 전일 수도 있고, 후일 수도 있습니다.

방주 제작 기간이 길었다면 결혼 전일 가능성이 크고, 기간이 짧았다면 후일 가능성이 큽니다.

그러므로 세 아들의 결혼 여부를 방주 제작 기간 추산 요건으로 삼으면 안 되겠습니다.

제2장 누가 장자인가?

노아의 세 아들 셈, 함, 야벳 중에서 누가 장자일까요?

삼형제의 형, 동생 관계를 구별할 근거 말씀은 창 10:21과 창 9:24입니다.

창 10:21, "셈은 에벨 온 자손의 조상이요 야벳의 형이라."

창 9:24, "노아가 술이 깨어 그 작은 아들이 자기에게 행한 일을 알고"

1. 세 아들의 형, 동생 관계에서 경우의 수는 세 가지입니다

셈은 야벳의 형입니다(창 10:21)

셈 -〉 야벳 -〉 함

셈 -〉 함 -〉 야벳

함 -〉 셈 -〉 야벳

셈이 야벳의 형이므로 이 둘의 관계는 변함이 없고, 함의 위치가 장자냐, 중간이냐, 막내냐에 따라 세 가지 경우가 되는 것입니다.

2. 작은아들은 누구를 말하는 것인가?

1) 창 9:20-27은 세 문장으로 나누어서 보아야 합니다

20-21 : 노아에 대한 기록.

22-23 : 세 아들에 대한 기록.

24-27 : 노아에 대한 기록.

특히 24-27을 두 문장으로 나누어서 24-25을 한 문장으로, 26-27을 또한 문장으로 나누어서 보면 바르게 이해 할 수 없습니다.

2) 작은아들

노아가 "그 작은아들"이 자기에게 행한 일을 알게 되었습니다.

(1) 작은아들이 복수가 아닌 단수로 되어 있는 것을 보면 함으로 볼 수 있습니다.

(2) 그러나 작은아들은 셈과 야벳일 수도 있습니다.

국어사전은 "맏아들이 아닌 아들"을 "작은아들"이라고 설명하고 있습니다.

맏아들이 아닌 둘째, 셋째, 넷째 … 는 모두 작은아들이라고 부르는 것입니다.

(3) 그러므로 "그 작은아들"은 함일 수도 있고 셈과 야벳일 수도 있습니다.

3) 자기에게 행한 일

"자기에게 행한 일"은 함이 노아의 실수를 누설한 말(일)로 보아도 되고, 셈과 야벳이 노아를 옷으로 덮어준 일로 보아도 됩니다.

그런데 이 두 일 중에 셈과 야벳이 한 행위를 "자기에게 행한 일"로 보는 것이 더 타당합니다.

왜냐하면 함이 말을 한 것은 노아에게 직접 행한 일이 아니고, 셈과 야벳이 한 행위는 노아에게 직접 행한 일이기 때문입니다.

4) 작은아들은 셈과 야벳

작은아들을 단수로 표시한 것은 셈도 야벳도 장자(맏이)가 아닌 작은 아들(차자)이 되기 때문에 단수로 표시한 것으로 이해합니다. "작은아들"은 "함"이 아니고 "셈과 야벳"입니다.

3. 육신적 장자

셈은 야벳의 형입니다.
작은아들은 셈과 야벳입니다.
그러므로 함이 장자입니다.
왜냐하면 셈이 야벳과 함의 형이라면 창 10:21에 셈이 장자(맏이)라고 기록되었을 것입니다.
또한 함이 중간이라면 셈은 함과 야벳의 형이라고 해야 맞습니다. 육신적인 장자는 함이 맞습니다.
노아가 502세에 셈을 낳았으므로 함은 500세 또는 501세에 낳았습니다.
창 5:32, "노아가 오백 세 된 후에 셈과 함과 야벳을 낳았더라."
세 아들의 형제 서열은 함 -> 셈 -> 야벳의 순서입니다.

4. 신앙적 장자

신앙적 측면에서의 장자는 셈입니다.
함은 육신적으로는 장자이지만, 노아의 포도주 사건으로 인하여 신앙적 장자의 복을 받지 못하였습니다.

창 9:22, "가나안의 아비 함이 그 아비의 하체를 보고 밖으로 나가 두 형제에게 고하매"

함은 신앙의 지도자인 노아를 훼방하여 하나님의 구원사역에 막대한 손해를 끼쳤기 때문입니다. 그래서 신앙적 측면에서 장자의 복을 셈이 받은 것입니다.

5. 이와 같은 사례들

1) 가인과 셋(창 4:1-8 가인과 아벨, 창 5:3 셋)

첫 사람 아담은 에덴동산에서 쫓겨난 후에 가인을 낳고 또 아벨을 낳았습니다. 그런데 가인이 아벨을 죽였습니다.

아담은 130세에 셋을 낳고 셋으로부터 계대가 이어집니다.

2) 이스마엘과 이삭(창 16:15 이스마엘, 창 21:3 이삭)

아브라함은 첩 하갈에게서 이스마엘을 낳고, 그 후 백세에 아내 사라에게서 이삭을 낳았습니다. 이삭을 통해 계대가 이어집니다.

3) 에서와 야곱(창 25:25-26)

이삭은 쌍둥이로 에서와 그의 발꿈치를 잡고 나온 야곱을 낳았습니다. 에서가 팥죽 한 그릇에 장자의 명분을 야곱에게 팔고, 이 야곱을 통해 계대가 이어집니다.

4) 르우벤과 유다(창 35:22)

야곱의 12 아들 중 르우벤이 장자이지만 그는 서모인 빌하와 통간하는 죄를 저질러 장자의 명분이 유다에게 넘어 갑니다.

5) 하란과 아브라함

창 11:26, "데라는 칠십 세에 아브람과 나홀과 하란을 낳았더라."

데라가 70세에 하란을 낳고, 130세에 아브라함을 낳고, 나홀은 그 후에 낳았습니다.

육신적인 장자는 하란이지만, 신앙적인 장자는 아브라함입니다. 하나님의 지시가 두 번 내려 왔습니다.

갈대아 우르에서 처음 그리고 하란에서 두 번째

창 12:1, "여호와께서 아브람에게 이르시되 너는 너의 본토 친척 아비 집을 떠나"

행 7:2-3, "아브라함이 하란에 있기 전 메소보다미아에 있을 때에"

갈대아 우르(메소보다미아)에 있을 때 하란은 이미 세상을 떠났고, 아브라함은 아버지 데라와 형 하란의 아들인 조카 롯을 데리고 그곳을 떠나 하란으로 갔는데, 동생 나홀은 고향에 머물렀습니다.

장자인 하란이 죽고, 차자인 아브라함에게 하나님의 말씀이 내려왔고, 아브라함은 하나님 말씀을 순종하였습니다.

☑ 참고 : 홍해 바닷길은 한강보다 넓다 2. 69-72. 스데반 설교 이해하기, 277. 하란을 떠날 때 아브라함의 나이.

6. 다른 해석들

1) 한글개역의 창 10:21을 오역으로 보는 설

▶ 한글개역 : 창 10:21, "셈은 에벨 온 자손의 조상이요 야벳의 형이라."

▶ KJV : 창 10:21 the brother of Japheth the elder.

이들은 KJV를 "야벳은 셈의 형이다"라고 해석하여 한글개역이 오역이라고 주장합니다. 그래서 이들은 야벳을 노아의 장자로 봅니다.

▶ 비판 : 야벳이 셈의 형이라고 꼭 야벳이 장자가 되는 것은 아닙니다.

이 경우에는 야벳이나 함이 장자가 될 수 있습니다. 함이 작은아들이어야만 야벳이 장자가 되는 것입니다.

그런데 셈과 야벳의 순서가 바뀐다 해도 그들은 작은아들이 되기 때문에 "자기에게 한일"의 해석에서 보신 것같이 함이 작은아들이 될 수는 없는 것입니다.

2) 성경에 기록된 순서대로 셈을 장자로 보는 설

성경은 노아의 세 아들을 말할 때 셈, 함, 야벳의 순서로 합니다. 그래서 셈이 장자라고 보는 설입니다.

▶ 비판 : 먼저 언급 된다고 그가 꼭 장자인 것은 아닙니다.

창 11:26, "데라는 칠십 세에 아브람과 나홀과 하란을 낳았더라."

실제 이들의 서열은 하란 -〉 아브라함 -〉 나홀입니다.

3) 필자의 견해

한글개역만 가지고 하나님의 뜻을 바르게 알 수 없다면 한글개역이 오역이라고 할 수도 있을 것입니다.

그러나 위에서 살펴본 것 같이 뜻이 풀리지 않습니까?

한글개역이 오역인 것이 아니고, 우리가 이해를 잘못하고 있는 것입니다.

4) 이것이 오역

(1) 대하 3:4, "그 전 앞 낭실의, 고가 일백이십 규빗이니"

사본을 다 뒤져서라도 이것을 고칩시다.

(2) 출 20:23에서 "나를 비겨서"가 사라진 우리말 번역본

한글개역과 개역개정 외에는 이 문구가 사라졌습니다.

"나를 비겨서"를 하루 속히 제자리에 갖다 놓읍시다.

7. 창 9:24-27을 24-25, 26-27로 분리해서 해석하면 안 된다

1) 분리하지 않고 해석

함을 작은아들로 보는 이들은, 24-25절을 한 단락으로 보아, 작은아들은 함이고, 그가 저주받았다고 해석을 합니다.

이글 첫 머리에서 밝힌 것 같이 24-27은 둘로 분리하지 말고 한 문장으로 해석해야합니다. 왜냐하면 24-27은 노아에 대한 기록입니다. 또한 함이 저주를 받은 것이 아니고, 함의 아들 가나안이 저주를 받은 것입니다.

가나안에 대한 저주는 25절 뿐만 아니고 26절 그리고 27절까지 이어지기 때문입니다.

2) 굳이 분리 해석 한다면

24-27을 굳이 분리하여 해석하려면 24절 따로, 25-27절 따로 이렇게 분리 해석해야합니다.

8. 함이 저주를 받았는가?

1) 함은 저주를 받지 않았다

필자도 이전까지는 함과 가나안이 저주를 받았다고 생각했습니다. 그런데 다시 살펴보면서 함이 저주를 받은 것이 아님을 확인하였습니다.

창 9:22, "가나안의 아비 함이, 나가서 두 형제에게 고하매"

함이 아버지 노아의 실수를 발설한 것은 사실입니다. 그러나 어디에도 함을 저주하신 기록은 없습니다.

2) 가나안이 저주를 받은 것이다

함의 아들 : 구스, 미스라임, 붓, 가나안

함의 아들 넷 중에 한명인 가나안만 저주를 받은 것입니다.

창 9:25, "이에 가로되 가나안은 저주를 받아"

가나안의 아들 : 시돈, 헷, 여부스, 아모리, 기르가스, 히위, 알가, 신, 아르왓, 스말, 하맛

가나안 7 족속이 모세와 여호수아 시대 가나안 입성 때 진멸을 당하게 됩니다.

출 3:8, "가나안 족속, 헷 족속, 아모리 족속, 브리스 족속, 히위 족속, 여부스 족속"

소돔과 고모라도 가나안 족속입니다.

창 10:19, "가나안의 지경은, 소돔과 고모라와"

3) 세 형제의 서열 해석

함이 저주를 받지 않은 사실을 새롭게 파악한 것은 인류사의 해석에도 전환점이 되어야 한다고 봅니다.

함의 후손이 아프리카에 주로 거주하는 것으로 보는데 우리는 그들이 이때의 저주의 영향 아래 있다고 여겨왔던 것인데, 이제는 다시 평가해야 되겠다는 생각이 듭니다.

저주를 받은 가나안의 후손은 멸망하였고, 함은 저주를 받지 않았습니다.

(1) 우리 민족의 역사는 깊다

삼국이 기원전에 건국 되었습니다.

신라 건국 : BC 57년

고구려 건국 : BC 37년

백제 건국 : BC 18년

고조선은 아주 오래 전에 있었습니다.

고조선 건국(단기) 신화 : BC 2333년

(2) 그러나 복음의 역사는 아주 짧다

기독교의 전파 : 1832년 귀츨라프 선교사, 1866년 토머스 선교사.

아직 200년이 채 안됩니다.

(3) 에디오피아 내시

행 8: 26-39, "에디오피아 사람, 예배하러 예루살렘에 왔다가"

에디오피아 : 아프리카의 이집트 남쪽에 있는 나라.

이 시기는 초대 교회 시대입니다.

(4) 스바의 여왕

왕상 10:1-13, "스바 여왕이 여호와의 이름으로 말미암은 솔로몬의 명예를 듣고 와서"

스바 : 아라비아 반도 남서쪽 맨 끝에 있는 나라. 2400km 정도 떨어진 곳으로 오늘날의 예멘입니다.

솔로몬 왕의 집권 시기는 BC 971-931년입니다.

(5) 요나의 니느웨 전도

욘 1:1-4:11, "요나에게 임하니라, 저 큰 성읍 니느웨로가서 그것을 쳐서 외치라."

니느웨 : 앗수르의 수도, 예루살렘에서 동쪽으로 700km 이상 떨어진 곳으로 오늘날의 예멘. 이 시기는 BC 760년경으로 봅니다.

(6) 저주와 축복의 기준

창 9:25-27, "이에 가로되"

① 저주

가나안은 저주를 받아 그 형제의 종들의 종이 되고.

② 축복

"셈의 하나님 여호와를 찬송하리로다."

"하나님이 야벳을 창대케 하사"

제3장 생활 단상

1. 가르치기 어려운 학생

1) 선생님이 가르치기 어려운 학생이 누군지 아십니까

▶ 아무것도 모르는 학생

▶ 잘못 알고 있는 학생

아무것도 모르는 학생은 백지와 같아서 바른 지식을 가르쳐주면 됩니다, 하지만 잘못 알고 있는 학생에겐 그가 알고 있는 것이 무엇이 잘못인지부터 깨우쳐 주어야 됩니다, 그런데 이게 보통 어려운 것이 아닙니다.

2) 소를 물가까지 이끌고 갈 수는 있지만 억지로 물을 먹일 수는 없다고 했던가요

3) 필자가 시골 출신이라서

이런 속담을 알고 있는지는 모르겠습니다만, 서울 가 본 사람하고 안 가 본 사람하고 싸우면(서울에 대해서 얘기하면) 안 가본 사람이 이긴다고 했습니다.

2. 혁명과 개혁

또 한 가지 혁명과 개혁 중에 어떤 일이 더 어려운지 아십니까?

혁명은 남이 잘못하는 것을 고치는 것이고, 개혁은 내가 잘못한 것을 스스로 찾아 고치는 것입니다. 과연 어떤 것이 더 어렵겠습니까?

개혁이 어려운 이유는 첫째 자기 자신이 무엇을 잘못하고 있는지 모른다는 것이고, 둘째 기득권을 내려놓아야 개혁을 할 수 있는데 그것이 어렵기 때문입니다.

그런데 문제는 스스로 개혁하지 않으면, 언젠가는 타에 의해서 혁명을 당한다는 것입니다. 사람이 인생에서 성공하기보다 그것을 유지하기가 더 어려운 것이지요.

3. 왜 방주 제작 기간을 다시 생각 했는가

1) 필자가 위 주제를 다시 생각하게 된 경위

목사님께서 교단 내 다른 교회 예배를 인도하러 가실 일이 생겨서 필자에게 부탁하셨는데 필자는 사양하고(왜냐하면 필자는 지독한 음치라 찬송 인도가 어렵고, 말도 더듬거리고, 설교 주제는 재림에 관한 것 밖에 없는데 듣는 교인들은 식상해 할 것이기 때문에) 류 장로님이 인도하시면서 방주 제작 기간을 40-50년으로 본다고 하시기에 다시 살펴보자하는 생각이 들었는데, 그때는 이미 "in Jesus Christ 원고"를 출판사 "해븐"에 넘겨준 뒤였습니다.

2) 처음에는 글을 쓰지 않으려고 했었다

왜냐하면, 이제는 필자의 신앙 관련 책 출판 사역이 끝난 것으로 생각하고 싶었고, 위 주제에 대해서 그전과 별 다른 생각이 나지 않았기 때문입니다.

3) 그러던 어느 날

제1장 8의 1)과 같이 우리의 그간 해석에 심각한 오류가 있다는 생각이 들어, 깜짝 놀랐고, 그냥 있을 수가 없었던 것입니다.

4) 출판에 대한 나의 생각

이 원고가 언제 다시 책으로 나올 수 있을지는 모르지만 일단 쓰기로 했습니다.

4. 사람의 마음은 같아

얼마 전에 동네 로컬 푸드에서 싱싱하고 맛있어 보이는 딸기를 두 상자 샀습니다.

계산대에 놓인 딸기 상자를 보며 캐쉬 여직원께 물어보고 싶은 생각이 들었습니다.

"이 둘 중에 우리가 먹을 것은 어떤 것일까요?"

그 아주머니 손가락으로 둘 중에 좀 더 싸고 딸기 알이 작은 상자를 가리키며 "이거요."

"아! 사람 마음이 다 같구나."

알이 크고 더 비싼 것은 귀한 분께 선물 하려는 것이었습니다.

5. 지혜와 지식

1) 우리는 성경을 지혜(은혜) 면을 치중해서 볼 수도 있고, 지식 면을

치중해서 볼 수도 있습니다.

예를 들면, 목사님들의 설교는 지혜의 말씀이고, 필자의 책은 지식의 말씀입니다.

그러나 지혜나 지식이나 다 같은 성령의 은사입니다.

고전 12:8, "어떤 이에게는 성령으로 말미암아 지혜의 말씀을, 어떤 이에게는 같은 성령을 따라 지식의 말씀을"

2) 그런데 지혜에 치중하는 이들은 지식은 교만하게 하는 것이라고 하고, 그런가 하면 지식에 치중하는 이들은 제대로 알지도 못하면서 은혜만 찾는다고 할 것입니다.

3) 필자가 아는 대로는 지혜의 말씀은 성령의 감동을 따라 내가 깨닫고 느낀 것을 말하는 것이고, 지식의 말씀은 성령의 감동을 따라 객관적인 증거를 가지고 성경을 해석하는 것입니다.

객관적 증거 : 관련된 다른 성경 말씀, 세상 역사의 기록, 지리적 자료, 과학적 자료 등.

4) 필자가 느끼기엔 지식의 말씀 한 주제 완성하는 것이 더 어렵다고 봅니다.

왜냐하면 우선 기존 해석들과의 상충된 면을 어떻게 설명 하느냐 하는 문제가 있고, 객관적 자료가 그렇게 풍부한 것이 아니기 때문입니다.

5) 지식은 지혜보다 열등한 것이 아닙니다.

이 둘은 솔로몬 성전의 두 기둥과 같다하겠습니다.

왕상 7:21, "우편의 기둥을 세우고 그 이름을 야긴이라 하고 좌편의 기둥을 세우고 그 이름을 보아스라 하였으며"

☑ 참고 : 마라나타 2. 52-69. 성전의 두 기둥(재림 2).

6) 좋은 지혜는 바른 지식과 함께하는 것입니다.

집을 예로 들면, 지혜는 크고 튼튼하고 아름답고 살기 좋은 집이요, 지식은 그 집의 토대와 재료와 설계라고 봅니다.

6. 도리뱅뱅

1) 작은 식당에서 교우와 함께 도리뱅뱅과 어탕 수제비를 참 맛있게 먹었는데, 벽에 걸린 메뉴판 에 이런 문구가 있었습니다.

"우리는 손님께서 친구 분께 이집을 알려 주시는 식당이 되고 싶습니다."

이 문구를 보며 저의 처지와 비교 되어 눈물이 핑 돌았습니다.

지난 10년 동안 일곱 권의 책을 만들어서 수 천 권을 나누어 드렸는데 도대체 책이 팔린다는 소식이 없어요.

나는 한 권에 1억 원을 준다고 해도 팔기 아까운 책인데, 아무도 그렇게 생각지 않는군요.

2) 그동안 겪은 고생 중에 기존의 주석에 익숙한 나 자신을 깨우치느라 힘들었고, 더 더욱 이런 면이 나를 참 많이 괴롭게 하였습니다.

은혜 속에 사시는 분들은 어찌하여 내 책 내용을 이해하고 공감하지 못하는 것일까?

그렇다면 나는 도대체 은혜도 없이 책을 썼다는 말인가? 하루 속히 이 의문이 풀렸으면 좋겠습니다.

7. 그런 것 몰라도

다른 교회에서 충성 봉사하고 있는 필자의 소싯적 친구 장로에게 책을 보내면서 "공부 좀 하시게"하였더니, 그 친구 대답하기를 "뭐 그런 것 몰라도 기도하고 …"

필자의 책을 대해 본 목사님들은 학술적이지 않고 신학적이지 않다고 외면들 하시고, 성도들은 너무 학술적이라고 외면하는군요.

필자의 책의 주제는 예수님 오실 때가 다 되었다, 성경 바로 알자는 것인데 그게 그렇게 싫으십니까?

그래서 이제는 책을 선물로 주지 않으렵니다.

원래 책은 '내돈 내산해서 봐야' 중요시 여긴다고 했지요.

제4장 사노라면

1. 청자 화병의 티

1) 우리 집에 수십 년 보존하고 있는 고려청자 화병이 하나 있다

이사를 여러 번 다니면서도 깨지지 않게 잘 가지고 다녔습니다. 여러 마리의 학이 나는 모양이 새겨진 아름다운 작품입니다. 이것이 정말 고려 시대 것이라면 그 값은 어마 어마할 것입니다.

그런데 이것은 고려청자 기법을 재현한 현대의 작품입니다. 그래도 꽤 값이 나가는 작품일 것입니다.

그러나 아뿔사 티가 딱 하나 있습니다.

왜 생긴 것인지 잘은 모르지만 아마도 가마에 굽기 전에 유약을 칠하면서 아주 작은 기포 하나가 생긴 것으로 봅니다.

아내는 이것을 발견하지 못했고 내가 얘기 해줬어도 이 티가 없는 것으로 여기며 오늘도 거실 탁자에 소중하게 올려놓고 있습니다.

그러나 값을 따지면 이것이 값이 나가겠습니까?

2) 심금을 울리는 백 마디의 은혜로운 설교 말씀 얼마나 좋을까

감사하며 회개하며 다짐하며 마음으로 울고 눈물도 울고, 그러나 그중에 잘못된 성경 해석 한두 마디가 섞여있다면 이 얼마나 아쉽고 안타까운 일입니까?

필자의 책이 바로 이런 한두 마디를 바로잡아 주는 역할을 하는 것인데 …

2. 마니산의 꿀 사과

강화도에 있는 마니산에 큰 불이 나서 이틀이나 타고 있다는 안타까운 소식입니다.

아주 오래 전 우리 아이들이 초등학생 시절로 기억되는데 우리 가족 넷이 마니산엘 갔습니다.

그 산 정상에는 돌을 사각형으로 담처럼 쌓은 참성단이 있고, 전국체전 할 때 선녀 옷을 입은 여성들이 성화 불을 붙이던 곳입니다.

그래서 등산하기 쉬운 줄 알고 물도 안가지고 올라가는데, 끝없이 이어진 계단에 더운 날씨 정상에 겨우 겨우 도착한 우리는 지쳐서 거의 탈진 상태였습니다.

모르는 다른 가족이 지쳐있는 우리 아이들을 보고 큼지막한 사과 하나를 건네주었습니다. 산에 오는 그들이 한 상자를 가져왔겠습니까? 자신들 먹을 것을 나눠준 것이지요.

그 달콤함 그 맛 그 시원함 지금도 잊지 못합니다, 늦게나마 감사한 마음으로 …

3. 이실직고

이실직고 : 사실을 바른대로 말함.

"부처님은 세상을 구원하러 오신 것이 아니요, 이 세상이 본래 구원되어 있음을 가르쳐 주려고 오셨다."

일산의 불교 대학병원 화장실에 붙어 있는 글귀입니다.

어떤 스님과 어린아이의 일화가 떠오르는군요.

집집마다 다니며 시주를 받는 스님이 "나무아미타불 …"

그 어린아이 말하기를 "내 아버지 걱정 말고, 느그(당신) 아버지나 걱정해요."

그 어린아이는 자라서 목사 안수를 받고 해외 선교사로 사역하고 있습니다.

4. 사시나무 떨 듯

사시나무 떨듯 : 사시나무(백양나무)가 작은 바람에도 쉬지 않고 잎사귀를 떨듯 사람이 두려움 따위로 몸을 몹시 떠는 모습.

얼마 전 TV 반려견 프로에서 본 장면입니다.

목줄을 하고 주인에게 이끌린 개가 어느 마을을 지나간다.

동네 개의 옆을 지나가자 동네 개가 짖는다.

지나가던 개가 뒤를 돌아본다.

동네 개가 짖기를 멈춘다.

그 개가 동네 개 옆으로 온다.

동네 개가 떤다.

사시나무 떨 듯 떤다.

만약 개 주인이 목줄을 세게 잡아당기지 않았으면 동네 개는 어떻게 되었을까?

평화는 힘이 있어야 지켜지는 것이다.

내가 힘이 부족하면 도와 줄 친구가 있어야 한다.

인간 친구나 친구 나라로는 부족하다.

무궁 무진 영원한 우리의 힘이신 주님(대하 14:11).

☑ 참고 : 마라나타 2. 나는 강하다. 198-202.

5. 첫 단추를 잘못

1) 120, 98, 70, 50-40, ... 5.

우리가 그동안 추산해낸 노아의 방주 제작 기간입니다.

이 중에 정답이 있습니까?

물론 있을 것입니다. 최단 1년에서 최장 98년 사이의 어느 기간일 테니까요.

그러나 우리는 그 정답을 모릅니다. 알 수가 없습니다.

우리는 왜 이렇게 헤맬까요?

첫 단추를 잘못 끼웠기 때문입니다.

2) 몇 년 전에 저희와 교우 가족이 제주도 여행을 하면서 올래 코스를 걸은 적이 있다

송악산 부근인데 가파르게 산으로 올라가서 평지를 걸어 다시 내리막 길을 내려오는 코스인데 좀 많이 힘들긴 하지만 너무 좋은 코스입니다.

어느 정도 내려오다가 길을 잃어 버렸습니다.

그래서 넓은 길로 가자하고 오다보니 앞에 집동만한 한우가 나를 쳐다보는데 이런 생각이 들었습니다.

소 앞에 있는 돌담을 넘어가야 되는데, "만약 이 담만 넘어오면 내 이 큰 뿔로 받겠다"하는 듯 큰 눈을 껌벅 껌벅하고 있는 거예요.

그때 "어디서 떨어졌는지 생각하라 …"는 말씀이 생각났습니다.

그래서 간 길을 되돌아가서 큰 길로 가자했던 지점에 도착해서 보니 바로 옆으로 풀 사이에 난 길이 보이는 거예요.

계 2:5, "그러므로 어디서 떨어진 것을 생각하고 …"

3) 방주 제작 기간 추산에 왜 헤맬까

창 6:13-21을 한 문장, 즉 하나님께서 방주 제작 지시를 하실 때 주신 말씀으로 보기 때문입니다.

두 문장으로 나누어 보아야합니다.

13-16을 한 문장으로 또 17-21을 한 문장으로, 첫 단추부터 잘못 끼운 것입니다.

6. 끊어 읽어야

성경책에는 제목, 장, 절 그리고 단락이 표시(작은 동그라미) 되어 있어 우리가 읽고, 기억하고, 다른 사람에게 말해주기 쉽게 되어 있습니다.

그런데 장과 절이 바뀌어도 내용이 이어지는 경우가 있어 "이어 읽기"를 해야 하고, 같은 절 과 단락에서도 내용이 달라 "끊어 읽기"를 해야 되는 경우가 있습니다.

끊어 읽기의 대표적 사례는 예수님께서 회당에서 성경을 읽으실 때 이사야 61장 2절을 상반 절만 읽으신 경우입니다.

1) 사 61:2

사 61:2, "여호와의 은혜의 해와 우리 하나님의 신원의 날을 전파하여"

눅 4:16-21, "주의 은혜의 해를 전파하게 하려 하심이라."

☑ 참고 : 홍해 바닷길은 한강보다 넓다 2. 287-289. 로마서 11:25-27의 해석.

2) 롬 11:26

롬 11:26, "그리하여 온 이스라엘이 구원을 얻으리라 // 기록된바 구원자가 …"

"얻으리라"까지는 25절에 붙여서 해석하고, "기록된바"부터는 27절에 붙여서 해석해야 합니다.

☑ 참고 : in Jesus Christ .89-92. 이제 남은 일.

3) 창 6:13-21

13-16, 그리고 17-21, 이렇게 둘로 나눠서 해석해야 바르게 해석 됩니다.

4) 성경을 읽을 때

장, 절, 단락에 너무 매이지 말고 뜻과 문맥을 파악해야 하겠습니다.

7. 006 나 ****

006 나 ****, 015 가 ****.

한 줄로 표기된, 주황색 바탕에 검정 글씨, 건설기계의 전국 번호입
니다.

우리 동네 옆에 아파트 신축 공사장이 있어 이런 번호판을 단 덤프트
럭, 콘크리트 펌프 등 건설기계가 종종 눈에 띕니다.

필자가 근무할 동안 오래 전부터 주장하고 건의하고 한 제도인데, 정
년퇴직하고 10년이 다 되어가니 이제 실현이 된 모양입니다.

☑ 참고 : in Jesus Christ. 139-141. 기다림.

제5장 피고 지고

1. 사람을 울린 새끼 들 고양이

필자의 아내가 TV 동물 프로그램을 보고 전해준 이야기입니다. 태어난지 몇 달 안 되어 보이는 들 고양이 새끼 한 마리가 누워있는 어미를 깨운다.

입으로 제 어미 몸을 핥아 주고, 앞발로 어미의 몸을 만지며 …, 제보하신 아주머니가 먹이를 주니까 그것을 저는 먹지 않고 제 어미 앞에 물어다 놓고 또 제 어미를 깨운다.

그런데 왜 어미는 반응이 없는 것일까요? 죽었습니다. 동물 구조대가 구조하여 살펴보니 새끼의 배가 불룩하더랍니다.

검사해보니 뱃속에 흙과 돌이 가득하더랍니다. 새끼는 배가 고파서 흙을 먹고 돌을 먹으면서도 사람이 주는 먹이를 먹지 않고 움직이지 못하는 제 어미 앞에 놓아준 것입니다.

이 이야기를 들려주는 아내도 울고 듣는 필자도 울고 그 아주머니도 프로그램 제작진도 울었답니다.

2. 하얀 목련

하늘을 향해 꽃잎을 벌리고 있는 하얀 순백색의 목련
보고 있노라면 왠지 내 마음도 깨끗해지는 것 같아
3월 말에서 4월 초에 보는 목련입니다.

그런데 꽃이 피었는가 하면 비가 와서 다 떨어지지요.

금년에도 어김없이 오늘(4월 4일) 밤부터 비가 온답니다.

비가 와야 됩니다. 와도 많이 와야 됩니다.

가뭄 특히 호남 지방의 극심한 가뭄 또 수없이 발생하는 산불 그리고 미세먼지.

짧은 시간 우리에게 아름다움을 선사하는 목련이 어떻게 탄생하는지 살펴봅니다.

꽃 봉우리가 언제 생기는지는 필자도 모릅니다.

겨울 추위가 닥쳐오는 11월 중순 경 딱딱하고 두꺼운 옷을 벗어버립니다.

사람들의 옷은 두꺼워 지고 껴입을 때인데 목련은 옷을 벗어 버리고 붓의 끝 같이 생긴 솜털로 겨울을 맞이합니다.

추위와 맞대결을 하는 것 같아요. 그리고 봄철에 다시 그 솜털 옷을 벗고 하얀 꽃을 또는 자색 꽃을 피웁니다.

환난을 피하지 않고 당당하게 맞서 싸운다고 표현 하면 맞을까요? 꽃잎이 유난히 작은 목련이 가끔 보일 것입니다.

우리나라 토종 목련입니다, 은은한 향기에 마음이 편안해질 거예요.

3. 가물치 대가리

필자가 결혼하고 첫 아이, 딸을 낳았을 때 일입니다.

군대 시절 영외 거주할 때입니다.

가물치를 고아 먹으면 산모가 젖이 잘 나온다는 얘기를 들었습니다.

그런데 주인집에서 가물치를 잡았다고 회를 먹으러 오라고 합니다.

마침 잘 되었다 싶어 가물치 고기를 얻어 오겠다고 마음먹고 안 집으로 갔습니다.

그러나 달라는 말을 꺼내지도 못하고 회만 먹고 왔습니다. 그래도 아쉬워서 또 갔습니다. 망설이다 또 돌아왔습니다.

용기를 내어 다시 가서 결국 남은 가물치 대가리 두 개를 얻어 왔습니다. 주인아주머니 말씀하시기를 "진작 얘기하지."

4. 수 돼지 반근

군대 제대하고 국가 기술직 7급 공무원으로 철도청에서 발령 받아 제천 역에 있는 사무소에서 근무할 때 일입니다.

자전거로 출근 하면서 도시락을 싸 가지고 가던지 점심에 역 앞에 나와서 자장면을 한 그릇 사먹던가 했었습니다.

필자가 하도 고기를 먹고 싶어 하니까 아내가 돼지고기 반근을 사다 볶아주었습니다.

한 입 간신히 먹고는 두 번째는 도저히 목에 넘어가지가 않았습니다. 냄새 때문이죠, 수 돼지 냄새.

볶은 고기를 싸 들고 정육점엘 갔습니다, 바꿔 달라고, 그러나 거절당했지요. 가난했던 시절 참으로 눈물겨운 수 돼지 반근의 추억입니다.

5. 땅에서 안개만

창 2:6, "안개만 땅에서 올라와 온 지면을 적셨더라."

오늘 이른 아침 병원 가는 길옆의 논에서 안개가 올라오는 장면을 보았습니다.

월·수·금 혈액투석을 하기 위해 필자는 아내를 병원에 데려다 줍니다.

그때 땅에서 안개가 올라오는 장면을 보고 말씀이 생각나서 적어봅니다.

오랜 가뭄과 산불에 시달리던 차에 화 수 목 단비가 왔습니다. 논의 흙은 촉촉이 젖어있었고, 고랑엔 빗물이 차있었습니다.

새하얀 목련과 화사한 벚꽃과 라일락의 향기는 빗속에 숨었지만, 가뭄을 면한 우리는 안도의 한숨을 쉽니다.

필자는 오늘 작은 논에서 올라오는 안개를 보았지만, 창세 때는 온 지구상에서 안개가 올라왔을 것입니다.

6. 이 책이 나오기까지

필자는 원래 장로 될 생각, 더욱이 성경 해석 책을 쓸 생각이 전혀 없었습니다. 다만 나의 생이 다 할 때쯤 '평생 서리집사'라는 제목으로 신앙 간증내지 수필 같은 책을 한 권 내고 싶다는 생각은 있었습니다.

그런데 교회에서 장로로 선출해주시는 바람에 이 제목을 쓸 수 없게 된 것입니다.

그래서 틈틈이 써 두었던 원고들을 버리려고 모아보니 너무 아깝다는 생각이 들었습니다. 그렇게 해서 2013년에 인쇄본 "재림대망"이 나온 것입니다.

2016년 초봄 정년퇴직을 앞두고 무엇을 하며 살아갈 것인가 생각해 보았습니다.

근무 연장 신청을 할까? 2만 가지가 넘는 직업 중에 내가 할 일은 무엇인가? 봉사 활동을 할 것인가? 하나님께 여쭤도 보았습니다.

결론은 교회 일, 즉 신앙 관련 책 쓰는 일을 하자였습니다. 그런데 막상 퇴직을 하고보니 사정이 만만치 않았습니다. 우선 수입이 0이 되었습니다.

계약직으로 직장을 수시로 옮겨야 하는 현 시대를 살아가는 젊은 세대들은 정년퇴직이 무슨 꿈같은 소리냐고 할 것입니다만, 정년을 앞둔 시점은 그의 인생의 황금기입니다.

직위나 능력이 나름대로 최 상위이고, 보수 또한 최고 수준이지요. 그랬는데 갑자기 수입이 뚝 끊어지고 인적 관계도 끊어지고, 말이 정년 퇴직이지 실은 인생퇴직과 같은 상황이 되니까요.

그래서 퇴직을 한 이들의 80~90%가 우울증을 겪는답니다.

필자는 난생 처음 실업급여를 신청했습니다. 6개월, 그래도 해결이 안돼서 국민연금을 조기 수령했습니다.

기독 출판사에 원고를 보내고 2개월 기다리고, 또 보내고 또 기다리고, 이렇게 하다가는 1년이 가도 출판사 못 정하겠다는 생각이 들어 20개 출판사에 원고를 보냈더니 두 출판사에서 자비 출판을 하자는 연락이 왔습니다.

그렇게 해서 "재림대망"이 나온 것입니다.

원고는 계속 쌓이는데 책을 내지 않을 수 있습니까?

그렇게 해서 이번이 9번째 책이 되는 것입니다.

이 책을 출판하는 도서출판 해븐도 사실 처음 출판사 찾을 때 명단에 있었습니다.

그때 홈페이지가 있는 규모가 큰 출판사를 추렸기 때문에 명단에서 제외가 되었던 것입니다.

그동안 비용문제로 어려웠기 때문에 이번에는 개인 출판사를 내려고 알아보다가, 집 가까이 있는 이 출판사 사장님과 연락을 하게 된 것입니다.

7. 비판을 비평하다

필자가 책을 내는 동안 들어 온 말입니다.

1) 신학도 안하고

필자는 신학 공부를 하지 않았고 그러므로 석 박사 학위는 당연히 없습니다. 또한 목사 안수도 받지 않은 사람입니다.

대견하다는 뜻도 있겠습니다만 반면에 정통파가 아니다는 뜻이 강하게 내포 되어 있지요. 그렇습니다. 필자는 비전문가요 외인구단 같은 존재입니다.

가끔 보면 아마추어 천문가가 무슨 별을 새로 발견 했다는 뉴스를 접할 때가 있으며, 코로나19 초기에 손 씻기를 강조한 것을 보면 전문가라고 항상 옳은 것은 아닙니다.

아모스 선지자도 고백을 하고 있지요, 나는 선지자가 아니며 선지자의 아들도 아닌데 ….

필자가 만약 신약 공부를 했었다면 이 책들을 아마도 쓰지 못했을 것입니다.

지금도 기존에 배운 성경 지식을 내려놓기가 정말 어려운데 신학까지 했다면 이 책 쓰기는 불가할 것입니다.

2) 자기주장만 하지 말고, 해석은 여러 가지

자기주장만 하지 말고 주석을 참고하라는 말입니다. 어떤 산의 이름이 여러 가지로 불리듯이 성구의 해석은 여러 가지라는 말이지요.

필자의 해석은 많은 주석 중에 하나의 가치 밖에 없다는 뜻이지요. 한 가지만 예를 들겠습니다.

애굽으로 이주한 이스라엘 민족의 수를 구약은 70명, 사도행전은 75명이라고 하고 있습니다. 여기에 대한 주석이 여러 가지가 있습니다.

▶ 70은 약술, 75는 상술
▶ 사도행전은 "70인역"의 75인을 인용한 것이다.
▶ 초청 받은 사람은 75인 인데 실제로 간 사람은 70인 이다.
▶ 스데반, 누가, 사도행전의 오류다.

이 중에 정답이 있습니까? 없습니다.

정답은 단어 두 개의 뜻을 분별하면 나옵니다.

"혈속"과 "친족"

필자의 해석이 기존 주석과 같다면 왜 무엇 하러 책을 냅니까?

이렇게 해석이 여러 가지인 것은 우리가 바르게 해석하지 못한 때문이지 성구의 뜻이 여러 가지인 것이 아닙니다.

3) 시간이 없어서

필자의 원고를 신학 교수님과 목사님께 보내 드리고 검토 감수를 부탁드릴 때 들은 대답입니다.

신학자, 목사님께서 성경 말씀 연구하는 것보다 중요한 일이 도대체 뭡니까?

4) 뭐 그런 것 몰라도

뭐 그런 것 몰라도 기도하고 …

성경 말씀 잘 몰라도, 틀리게 알고 있어도 뭐 그게 대수냐 이런 뜻이지요. 과연 하나님께서 우리가 그렇기를 바라실까요?

5) 쓸데없는 논쟁

"진리도 아닌 것을 가지고, 쓸데없이 논쟁하느라, 시간만 낭비하고 있다."

성경의 한 글자라도 바르게 아는 것이 진리가 아니면 도대체 무엇이 진리입니까?

노아의 방주 제작 기간이 최단 1년에서 최장 98년 사이에 분명히 있지만, 우리는 알 수 없는 것인데, 지금까지 몇 년이다 몇 십 년이다 하고 씨름 하고 있지 않습니까?

창 6:18을 창 6:14의 방주 제작 지시를 하실 때 한꺼번에 주신 말씀으로 해석을 함으로 인하여, 하나님께서 방주 제작 전에 이미 승선 인원을 노아의 가족 8명으로 제한하신 것처럼 되는 잘못을 범하고 있는데,

우리는 그 사실을 까맣게 모르고 있지 않습니까?

이것을 바로 잡는데 이것이 진리가 아니라니 말이 됩니까?

필자의 책은 모두 이와 같은 내용인데 송두리째 부정당하는 기가 막히는 일입니다.

필자를 포함한 우리는 성경을 많이 알고 있습니다. 그런데 알고 보니 그 중에 더러는 잘못 알고 있는 것이 있는 것입니다.

필자의 책은 이런 것을 발견하고, 밤으로 낮으로 여러 날씩 고심 끝에 정답을 찾아서 책으로 내는 것입니다.

그렇지 않아도 초죽음 상태인데, 무관심, 비협조, 금전 문제 등으로 ….

원고를 검토해 주시길 부탁하면 시간이 없다고 거절하고, 출판 비용을 투자해 주시길 부탁하면 돈이 없다. 못 도와주겠다하고, 책은 우편 요금 들여서 그냥 줘도 안 읽고 ….

힘을 잃고 쓰러진 자에게 "진리도 아닌 것으로 쓸데없는 논쟁을 한다"라는 말은 가슴에 비수를 맞는 것 같은 충격일 수밖에 없습니다.

6) 무시, 왕따, 배척

필자는 여러모로 부족한 사람입니다.

그래서 인간적으로 인정받지 못하는 것 당연한 것으로 여기겠습니다. 그러나 필자의 책은 하나님께서 필자를 통하여 성경의 몇몇 부분에 대하여 해석을 내신 것을 책으로 엮은 것이 분명합니다.

그렇다고 결론을 도출해 가는 과정이 순탄한 것만은 아니었습니다. 그러나 책 내용은 하나님 뜻이 분명합니다.

책에 틀린 것이 있으면 비판해 주세요.

책 시리즈를 읽다보면 같은 주제의 글이 여기에도 있고 저기에도 있다고 느끼실 것입니다. 같은 주제의 글이 여기 저기 있는 것이 사실입니다. 왜 그러냐하면 어느 한 주제가 한 번에 완성 되는 것이 아니고, 여러 번을 거치면서 내용이 더 풍부해지기 때문입니다.

그런데 보시면 같은 주제라고 해서 여기서 한 말을 저기서 또 하는 것이 아니고 내용이 더 추가 되는 것임을 알 수 있으실 것입니다.

필자를 무시하는 것까지는 좋습니다, 그러나 그러다가 하나님 뜻을 놓치는 우를 범하지 마시기 바랍니다.

시 55:12, 13, "나를 책망한 자가 … 그가 곧 너로다 …"

제6장 꽃과 나비

1. 물총조개칼국수

1) 물총조개

물총조개는 어린아이들이 장난감 물총을 쏘듯 물을 내뿜는다고 붙여진 별명의 조개로 원 이름은 "동죽"입니다.

필자의 아내가 무척 좋아하는 해산물 중의 하나입니다.

옛날에 인천 연안부두 수산물 시장 횟집에 가서 회를 시키면 큰 바가지로 하나 주고 더 달라고 하면 더 주던 것이며, 우리가 전에 살았던 대전 삼성동 고가도로 옆에 이 조개 칼국수로 유명한 집이 있습니다.

어떤 식당의 메뉴에서 이것을 보고 반가운 마음에 아내 투석을 마치고 걸어서 갔습니다. 큰 냄비에 담아 나올까 개인별로 한 그릇씩 줄까? 기대하는 중에 음식이 나왔습니다.

한 그릇씩, 조개를 건져보니 이게 아니네, 바지락이었습니다. 내 생각에 이들은 이 조개를 물총이라 부르는가?

아내가 맛이 없어하는 것이 느껴진다, 사실 아내는 입맛을 잃었습니다, 오랜 투병생활에 ….

육수가 내가 느끼기엔 담백했는데 아내는 맹물 같다고 한다, 구수한 맛이 없다는 뜻이다.

계산할 때 "물총조개를 시켰는데 가짜네요."

여 사장님 "이번에 물총이 물이 좋지 않아서 바지락으로 했습니다, 다음 주에는 물총 올거예요."

사실 필자는 두 가지 기대를 가지고 이 식당을 찾았던 것입니다.

매우 유명했던 가수 분이 하시는 식당이고, 물총조개도 반가웠기 때문이죠.

아내가 맛있게 먹으면 사장님이 누구라고 말해줄려고 했었는데 … 우리는 음식의 좋고 나쁨을 먹고 나서 시간이 좀 지나야 최종 판단합니다.

무슨 말이냐고 하시겠지요.

우리는 반찬이 단 것을 싫어합니다.

보통 단 짠 맵이라고, 달고 짜고 매운 것을 좋아하시는데, 단 반찬은 입에서 거부감을 느끼고 아내는 삼키지를 못합니다. 매콤할 정도의 매운 맛은 좋아하는데 다음날 화장실을 들락거려야합니다.

아파트 생활에서 가장 불편한 것은 아마도 화장실에 수돗물이 나오지 않는 것이리라.

오래 전에 선교 여행 때 그런 일이 있었는데 참 난감했었습니다. 특히 인공 조미료를 넣은 음식은 먹을 때 감칠맛이 더하지만 그 후에 입 안이 타고 물이 키며 소화도 잘 안됩니다.

그래서 우리 집에는 인공조미료가 전혀 없습니다. 그래도 가끔은 단 맛이 나는 경우가 있는데 그것은 매실청을 넣은 때입니다.

이른 봄에 하얀 때로는 붉은 매화가 화사하게 땅을 수놓고 나면 열리는 매실, 열매에서 단 내가 나기 전에 따서 깨끗이 씻고 모자(남아 있는 꼭지)를 떼어 내고 설탕에 재워 몇 달 지나면 역삼투압 작용으로 생기는 액체 매실청입니다.

매실 꼭지를 떼는 작업이 민물 다슬기를 삶아 살을 빼내고 빨판을 떼

내는 것이 연상되지요. 그런데 이집 칼국수는 먹고 나서 입안도 속도 편했습니다.

보통 아내가 맛없이 먹으면 그 집은 다시 가지 않는데, 이집은 물총조개 있을 때 나 혼자라도 다시 가보려고 합니다.

2) 돼지갈비

몇 년 전에 필자의 생일을 맞아 자녀, 손 8식구(그러고 보니 많이 들어 본 식구 숫자네요) 다 모여서 돼지갈비 식사를 하였습니다. 참 맛있게 잘 먹었습니다.

나올 때 큰 손자는 할머니 돈 많이 쓰셨다고 걱정을 하고, 막내 손자는 "할아버지 여기 또 오자" 했던 일이 생각나는군요.

2. 아직 끝난 것이 아니였구나

1) 부활주일

오늘 2023년 부활주일 예배를 드리고 와서 이글을 씁니다.

대표기도 필자의 순서가 되서, 이제는 2천 년 전에 오신 아기 예수님과 십자가와 부활을 기념하는데 그치지 말고 잠시 후면 다실 오실 예수님을 사모하여 기다리는 부활절이 되게, 우리 대한민국에서 하나님을 부정하고 배척하는 악한 사상과 이념을 뿌리 채 뽑아주시길 그리고 기독교 안에서 성경 말씀을 한 구절이라도 바르게 해석하고 바르게 번역하는 개혁 운동이 일어나게 해주시길 기도 하였습니다.

그리고 목사님 설교는 "생명이신 예수님"을 향하여 우리의 마음을 열고 예수님과 함께 삶으로 그 이름을 힘입어 생명을 누리자는 주제였습니다. 또 자신들을 살피면서, 예수님의 살과 피를 기리는 성찬예식을 하였습니다.

2) 아직 끝이 아니구나

그런데 장로님 한분이 예배에 불참하였습니다. 대면 예배를 아주 중요시 여기는 분인데도 못 온 것입니다. 물론 그는 강릉의 다른 교회에서 예배를 드립니다.

가족들이 다 코로나에 걸려서 직장인 강릉에서 집인 서울로 오지를 못 한 것입니다. 며칠 전에 복지부 장관님이 코로나에 걸리셨다는 뉴스를 보았습니다. 백신 다섯 차례를 다 맞았는데도요.

하긴 우리 사위가 2박 3일 연수 다녀오는 중에 감염 되어서 다섯 식구 중에 네 명이 감염 되어 우리는 2주째 애들 집에 못 가고 있습니다.

확진 통계 뉴스를 보면 아직도 하루에 1만 명이 넘습니다.

필자와 아내는 아직까지는 감염되지 않았습니다. 아내의 형편이 만약 걸리면 너무 곤란하기 때문에 더 조심합니다.

음식점 가는 일 자제하고, 마스크 야외서도 벗지 않고, 코와 입을 확실하게 막아 들숨 날숨이 옆으로 새지 않게 하고, 아파트 현관은 번호 대신 키로 하고 엘리베이터 버튼도 손톱으로 누르고 … 하나님께서 "코로나19 끝!" 선언을 하실 때까지는 조심하렵니다.

3. 싸가지 없는 벌레

나뭇잎을 갉아 먹는 벌레 이야기입니다.

꽃들이 지고 잎이 나기 시작합니다. 연두색 연한 이파리, 어떤 것은 사람이 나물로 해 먹기도 하지요.

아내가 아파트 단지 화단에서 가시 오가피 잎을 몇 개 따서 삶아 나물 반찬을 해 주었는데 쓰긴 한데 참 연하네요.

벌레는 잎에 구멍을 내서 먹는 것도 있고, 잎 가장자리부터 갉아 먹는 것도 있지요.

우리 어릴 적에 '누에'를 쳤는데 누에는 뽕나무 잎을 가장자리부터 갉아먹기 시작하지요.

누에가 커서 집을 지으면 그것을 '누에고치'라고 부르는데, 하얀 고치를 삶아 물레에 돌려 실을 뽑으면 그것이 '명주실'입니다. 그것으로 천을 짜면 '비단'입니다.

고치의 실을 다 풀고 나면 '번데기'가 남는데 참 고소하고 맛있는 단백질이지요.

한 여름에 푸라타나스 나뭇잎을 보면, 벌레가 먹어서 그물 친 것 같이 잎의 줄기만 남는 경우도 있어요. 그런데 나무 밑을 보면 연한 순이 통째로 떨어져 있는 것을 볼 수 있습니다.

특히 도토리가 열리는 참나무 종류에서 많이 볼 수 있지요. 우리 동네 공원에서 심심찮게 보는 풍경입니다. 무슨 벌레인지는 모르지만 연한 줄기를 끊어 놓아 순이 떨어지는 것입니다. 가끔은 벌레도 같이 떨어지는 것도 있어요.

이 벌레에게 필자가 붙인 별명입니다. "싸가지 없는 벌레!"

4. 금낭화

이른 아침에 아내를 병원에 내려 주고 와서 혼자 아침밥을 먹었다. 남편이 좋아 한다고 일산시장까지 운동 겸 걸어가서 사온 민물 다슬기를 삶아서 바늘로 살을 빼내고 빨판을 일일이 떼어내서 된장과 부추를 넣고 끓인 다슬기국과 당뇨에 좋다는 호라산 밀을 넣은 잡곡밥과 무말랭이 무침과 조미 김으로 이렇게 아침 혼밥을 한지가 만 6년째다.

혹시나 요청이 있을 때를 대비해서 강의 원고(마라나타)를 쓰고 있었는데, 오늘은 그 원고를 책에 실을 수 있는 원고로 편집을 하였다.

그래도 시간이 남아서 식골 공원엘 올라갔다.

마스크를 벗어 보니 공기가 괜찮아서 벗어서 주머니에 넣고 산책을 하였다.

얼마 전에 사각 정자의 대들보 위 천장과의 좁은 공간에 비둘기가 나뭇가지를 물어다가 집을 짓고 알을 품었는데 오늘은 비둘기가 보이지 않는다.

사람이 보고 있어도 아랑곳하지 않고 나뭇가지를 물어 나르길래 "그 녀석 어지간히 급한 모양이구나" 했었는데, 벌써 알이 부화 되어서 새끼를 데리고 나간 모양이다.

알을 품은 어미가 하도 꼼짝을 않고 있어서 혹시 죽은 것 아닌가 하고 유심히 보니 꽁지 깃털이 아래위로 살살 움직인다, 숨을 쉬고 있는 것이었다.

걷다가 여 선생님이 둘씩 손을 잡은 유치원(유아원) 어린이 여남은 명을 데리고 산책하는 것을 보았다.

선생님이 "얘들아 이 꽃 이름은 금~낭화~~"하자 그 아이들 병아리 같은 소리로 "금~낭화~~" 선생님과 같은 억양으로 합창을 한다.

억양을 글로 다 표현 못하니 참 아쉽네요.

필자는 "바얌 풍"이 생각나서 피식 웃었다.

❀ 금낭화 : 아치형으로 활대처럼 곧게 뻗은 꽃대에 아이들 복주머니 모양의 진분홍색 꽃들이 주렁주렁 달려있는 꽃이다.

꽃 모양이 옛날 며느리들이 차고 다니는 주머니를 닮았다고 하여 며느리주머니라고도 부른다.

개화기가 5~6월이라는데 벌써(4월 14일) 피었네요.

☑ 참고 : 제1부 제2장 흠 없이 점 없이. 바얌 풍.

오늘(4월 16일)은 주일, 교회 갈 준비를 마쳤는데 시계를 보니 시간이 많이 남았다.

식골 공원엘 갔다, 아내에게 비둘기 집이 있었던 곳을 알려 주려고 사각 정자로 갔다.

"여기가 비둘기 집 있는 곳이야" 하며, 대들보 위를 보니 검은 부분이 보였다. 뭔가 싶어서 난간에 올라가서 보았다. 비둘기였다. 전에는 꼬리가 보이게 대들보와 직각으로 앉아 있었는데, 며칠 전부터 비둘기가 보이지 않을 때부터 대들보와 일직선으로 앉아 있었던 모양이다. 그래서 보이지 않았던 것이다. 아직 부화할 날이 차지 않은 모양이다.

내려오는 길에 금~낭화~~도 보여주었다.

5. 생각해보니

생각해보니 주일 아침에 교회가기 전에 산책을 해본 일이 없었던 것 같다.

2015년 1월에 이곳으로 이사 와서 행주대교를 지나 우신교회를 오간 것이 9년차인데, 코로나 초기에 대처 방안에 혼란을 겪을 때 2~3개월 불참한 것 외에는 교회를 가지 않거나 다른 먼 곳에 출타해서 거기서 예배를 드린 일이 없는데, 그동안 한 번도 이런 일이 없었던 것 같다.

비둘기 집을 왜 다시 확인하고 싶었을까? 이제 생각해보니 내 책(원고)에 틀린 것이 있을 때 그것을 바로잡아 가는 과정 중의 하나인 것 같다.

아직 비둘기 새끼가 부화되지 않았다. 나는 비둘기가 보이지 않아 부화 되어 날아간 것으로, 며칠 전의 원고에 썼는데, 그것이 사실이 아니므로 이것을 바로잡게 하시는 성령님의 인도인 것 같다.

이런 일은 "홍해 바닷길은 한강보다 넓다 2"의 "뻐꾸기와 소쩍새"에도 있었다.

지금도 그 소쩍새는 초저녁부터 새벽까지 밤을 노래한다. 소쩍 소쩍 소~ 소쩍.

곧 뻐꾸기가 낮을 노래하게 되리라. 뻐꾹 뻐꾹 뻐뻐꾹.

필자의 책 내용이 나의 연구나 내 생각이 아니고, 하나님 뜻이라는 확신이 든다.

계속 실의에 빠져있으면 하나님께서 싫어하실 것이다.

용기를 내자!

삼상 30:6, "다윗이 크게 군급하였으나 그 하나님 여호와를 힘입고 용기를 얻었더라."

☑ 참고 : 홍해 바닷길은 한강보다 넓다 2. 뻐꾸기와 소쩍새. 243-246.

6. 무심코

1) 지나칠 때

우리는 어떤 일을 무심코 지나칠 때가 있습니다.

성경에서도 어떤 구절은 무심코 지나가거나 덜 중요시 여길 때가 있습니다. 그런데, 마귀는 이를 놓치지 않고 파고듭니다.

그 대표적인 예가 출 20:23의 번역에서 "나를 비겨서"가 사라진 것입니다.

생각해보니 노아의 방주 제작 기간 추산도 마찬가지입니다.

그것이 진리의 핵심도 아닌데 우리는 그 기간 가지고 씨름을 하고 있는 것입니다.

2) 그 결과

출 20:23에서 나를 비겨서가 없으면 그 구절 한 절이 없는 것과 같은 것입니다.

창 6:13-21을 한꺼번에 주신 말씀으로 해석함으로 인하여 본의 아니게 하나님께서 방주 탑승 인원을 방주 제작 전에 노아의 8식구로 제한

하신 것처럼 되어버렸습니다.

참 마귀는 교묘합니다. 우리가 살짝 방심하고 부주의 할 때를 노리고 있습니다.

3) 더 큰 문제

더 큰 문제는 우리가 틀린 해석과 번역을 가지고 있으면서 그것이 틀린 사실을 까맣게 모르고 있다는 사실입니다.

누가 그것을 알려 주면 도리어 그 사람을 양치기 소년 취급합니다. 참으로 안타깝습니다.

4) 재림대망

예수님의 재림도 마찬가지입니다.

예수님의 재림은 분명히 있을 것이고, 지금은 그때가 다 된 것도 맞습니다. 그런데 마귀는 재림 이슈를 이단들이 선점하게 하고 설치게 하여, 기존 교회나 성도들은 재림을 기다리는 것은 고사하고 재림을 말하는 것조차 꺼리게 만들어 버렸습니다.

우리는 깨어 있어야 합니다.

벧전 5:8, "근신하라 깨어라 너희 대적 마귀가 우는 사자 같이 두루 다니며 삼킬 자를 찾나니"

7. 이상한 풍조

최근 들어 교회에 이상한 풍조가 늘어나고 있습니다.

1) 십자가

(1) **끈에 달린 십자가** : 십자가 모양의 목걸이를 말하는 것이 아닙니다. 십자가에 끈을 달아 마치 십자가가 끈에 달려있는 것 같은 느낌을 주는 모양이나 그림을 말하는 것입니다.

(2) **누워있는 십자가** : 십자가를 뉘어 놓거나, 옆으로 비스듬히 세운 그림을 말합니다.

(3) **틀 속에 갇힌 십자가** : 새로 지은 교회 건물들에서 나타나는 현상입니다. 십자가를 지붕위에 세우지 않고 벽면에 또는 틀을 만들어서 그 속에 넣은 것을 말합니다.

2) 성경책

(1) **지퍼 달린 성경책** : 지퍼로 닫아 놓은 것을 말합니다.

책을 보관 하는 데는 좋지만, 이렇게 굳게 닫아 놓고는 언제 열어봅니까?

(2) **스크린** : 예배당 앞이나 옆에 화면을 설치하고 성경 구절을 비춰주는 것을 말합니다. 물론 편리한 면도 있습니다만, 신자들이 성경책을 가지고 다니지 않게 하고 있습니다.

(3) **인간중심적 해석과 번역** : 하나님의 뜻과 성령의 감동 보다 인간중심으로 해석하고 번역하는 것을 말합니다.

3) 마음이 상해서

오늘(4. 23. 주일) 아침 집회 포스터에서 끈에 달린 십자가가 비스듬히 누어있는 그림을 보고 마음이 상해서 이글을 써봅니다.

이런 일들이 필자만 이상하게 느끼는 것인가요?

제7장 바람과 구름

1. 국민 제안

어제(4. 22.) 국토부에 국민 제안 두 건을 하였습니다. 아침 7시에 홈피를 열었더니 시스템 점검 중이라 12시에 다시 들어갔습니다.

1) 김포 지하철 혼잡 해결책

해결책은 객차를 증설하는 것 밖에는 없습니다.

현재 객차가 2량짜리랍니다.

객차 1량 또는 2량을 중간에 연결하거나, 1량 또는 2량 객차를 추가로 연결하고, 양쪽 끝의 출입문을 폐쇄 하면 됩니다.

동력 문제는 1량 추가에는 현재의 용량으로 가능할 것입니다.

우선 이렇게 임시 조치를 하고 장기 대책을 세워야 되겠지요.

2) 전세 사기 피해자 구제 대책

전세 사기로 인하여 우리 국민이 목숨을 잃고, 길거리에 나앉게 되는 안타까운 상황입니다.

이 문제는 해당 지자체, 은행, 법원으로 해결될 차원을 넘어선 것으로 보입니다.

'특별 재난 상황 선포'를 하고 중앙정부에서 총괄 수습해야할 것입니다.

3) 당부의 말씀

관계 부처에서는 이것은 이래서 안 되고 저것은 저래서 안 되고 이렇

게 안 되는 이유, 제안을 거절할 이유만 찾지 말고 적극적으로 죽음의
고통을 당하고 있는 국민들을 살리는 해결책을 신속하게 찾으시길 부
탁드립니다.

2. 설교와 아멘

1) 설교

예배에서 가장 중요하고 많은 시간이 할애되는 순서가 설교입니다.
목사님은 기도와 말씀으로 원고를 준비해서 설교하시고, 성도들은 소
리를 내든지 속으로 하든지 아멘으로 화답합니다.

설교는 수직적이고 일방향적으로 선포되는 말씀입니다.

질문이 허용되지 않는 것이지요.

사실상 그럴 수밖에 없는 것이 설교 중에 성도가 질문을 하면 예배가
진행 될 수가 없지요.

2) 질문

우리는 설교나 성경 해석을 여러 경로를 통해 듣고 볼 수가 있습니다.
그런데 문제가 있습니다.

설교를 천 마디 만 마디 듣다보면 그 중에 한 두 마디는 바르지 못한 내
용이 있을 수 있는데, 문제는 이것을 바로 잡을 기능이 없다는 것입니다.

필자의 책의 내용들이 다 이런 것들을 바로 잡자고 하는 것들입니다.
그런데 이 책의 내용이 도저히 긍정 공감이 안 되고 전파가 안 되고 있
습니다.

도리어 쓸데없는 논쟁(변론) 한다고 필자를 나무라고 있습니다. 필자의 마음이 답답하고, 과연 하나님은 어떠실까요?

3. 높이 120 규빗

1) 낭실의 높이

대하 3:4, "그 전 앞 낭실의 장이 전의 광과 같이 이십 규빗이요 고가 일백 이십 규빗이니 안에는 정금으로 입혔으며"

낭실 : 성전에 들어가는 입구의 현관입니다.

길이는 20 규빗으로 성전의 폭과 같고, 너비는 10 규빗(왕상 6:3)입니다.

1 규빗은 45.6cm이므로 현관의 길이는 9.12m, 너비는 4.56m입니다. 그런데 높이가 120 규빗이면 54.72m입니다.

본 건물인 성전의 높이 30 규빗(13.68m)보다 네 배나 높습니다. 참으로 기이한 형태가 아닐 수 없습니다.

낭실의 높이는 대하 3:4에 유일하게 기록 되어 있습니다. 세상의 모든 건축물 중에 본 건물보다 높은 현관이 있는 경우가 있습니까?

필자가 추정하는 낭실의 높이는 5~10 규빗입니다.

5규빗은 성전 옆 벽에 붙여 지은 다락의 한 층 높이입니다(왕상 6: 10).

2) UN 본부 건물

뉴욕 맨하탄에 있는 UN본부 건물이 떠오릅니다. 직사각형의 높은 건물 옆에 그 보다 훨씬 낮고 넓은 건물이 있는 구조입니다.

필자가 가서 본 것은 아니고 사진으로만 보았습니다.

오래 전에 미국 동부와 캐나다 패키지여행이 큰 비용이 들지 않던 시절에 필자의 아내가 그곳 여행 가기를 소원했었는데, 그 소원을 들어주지 못하고 이제는 일주일에 세 번 신장 투석을 해야 되는 몸이라서 "그때 갔어야 했는데" 소리만 듣고 있습니다.

어떤 번역본 어떤 사본을 뒤져서라도 낭실의 높이를 확인하고 싶습니다.

☑ 참고 : 마라나타 2. 52-69. 성전의 두 기둥(재림2).

4. 일곱 권 만에

필자가 책을 낸 것이 7권입니다. 처음으로 책 내용에 공감한다는 말을 들었습니다.

애굽으로 이주한 이스라엘 민족의 수는 얼마인가?

다시 말하면 구약엔 70명인데, 사도행전은 75명이라고 하고 있는데 대한 설명입니다.

너무도 쉬운 문제를 우리는 너무도 어렵게 해석하고, 그렇게 가르치고, 그렇게 믿고 있었던 것입니다.

단어 두 개 "혈속"과 "친족"의 차이만 구분 하면 됩니다.

'노아의 방주 제작 기간'을 다시 해석하면서 "진리도 아닌 것을 가지고 쓸데없는 논쟁을 하느라 시간만 낭비 하고 있다"는 말을 듣고 실의 빠져 있었는데, 정말 실낱같은 희망의 말입니다.

책 내용을 필자 외에 한 사람이라도 공감하는 분을 발견하였으니 이제 필자는 힘을 내겠습니다.

☑ 참고 : 마라나타 2. 345-346. 414-416. 애굽으로 이주한 이스라엘 민족 수.

  - 홍해 바닷길은 한강보다 넓다 2. 55-61. 118-120.

5. 거기 누가 없소?

홍해 바닷길의 수심을 측량해 보실 분을 찾습니다.

아카바만 홍해 누웨이바 앞 바다의 수심 32.4m를 실제로 측량해 보실 분.

출애굽 하는 이스라엘 민족이 마른 땅으로 건넜던 홍해 바다.

뒤 따라 온 애굽 군대가 수장 되었던 홍해 바다.

옛적에 하나님께서 이적을 베푸신 역사를 실증해 보실 분.

☑ 참고 : 마라나타 2. 258-268. 동풍이 밤새도록.

  - 홍해 바닷길은 한강보다 넓다 2. 17-36. 67-68 홍해 바닷길 그림. 274-276 수심 32.4m의 비밀.

6. 나를 비겨서를 제자리에 갖다 놓읍시다

출 20:23에서 "나를 비겨서 … 만들지 말라"가 우리말 번역본에서 사라졌습니다.

나를 비겨서가 없으면 이 말씀 한 구절이 없는 것과 마찬가지입니다. 하나님 말씀 한 구절을 삭제하거나 변질 왜곡시킨 중대한 범죄입니다. 정말 혼나기 전에 도로 제자리에 갖다 놓읍시다.

7. 신앙고백 고칩시다

1) 신앙고백

사도신경   ->   신앙고백

천지를 만드신   ->   천지를 창조하신.

동정녀 마리아에게 나시고   ->   처녀 마리아에게 나시고.

본디오 빌라도에게   ->   헤롯과 빌라도에게.

거룩한 공회와   ->   거룩한 교회와.

교통하는 것과   ->   교제하는 것과

☑ 참고 : 마라나타 2. 285. 사도신경.

  - 홍해 바닷길은 한강보다 넓다 2. 85-87. 사도신경.

  - in Jesus Christ. 139-141. 기다림.

2) 찬송가 가사 한 소절도 바꿉시다

찬송가 211장(통일 346).

첫 소절 둘째 단.

막달라 마리아 본 받아서   ->   베다니 마리아 본 받아서.

☑ 참고 : 마라나타 2. 96-103. 향유 헌신. 217-222.

  - 홍해 바닷길은 한강보다 넓다 2. 77-79. 찬송가 211장.

제2부
bright cloud

제1장 오역 논란 - 요일 5:7

오역? 모순? 논란이 있는 성경 구절을 살펴보려고 합니다.
요한1서 5장 7절입니다.

1. 역본 대조

개역한글 : "증거하는 이는 성령이시니 성령은 진리니라."
KJV : For there are three that bear record in heaven, the Father, the
Word, and the Holy Gost, and these three are one.

2. 오역 논란

KJV(킹 제임스 흠정역)은 라틴어 사본을 영어로 번역한 것이고, 개역
한글은 그리스어(헬라어, 희랍어) 사본을 한글로 번역한 것이랍니다.
KJV에 있는 요일 5:7의 내용이 한글개역에는 없습니다.

이로 인하여 한글개역이 삼위일체 하나님을 부정하고 있다는 주장이 있습니다. 과연 그러한지 살펴보려 합니다.

3. 초점

이 경우는 한 문구가 생략된 것입니다.

그 문구가 있느냐, 없느냐에 따라 그 문장의 뜻이 달라지거나 그 문장이 통째로 없는 것과 같이 된다면 그것은 분명 잘못된 번역이 맞습니다.

예를 들면, 출 20:23에서 "나를 비겨서 …"가 빠진 우리말 성경은 분명한 오역입니다.

나를 비겨서가 빠진 출 20:23은 이 한 절이 없는 것이나 마찬가지이기 때문입니다.

그래서 이 경우에도 KJV에는 그 문구가 있는데, 그 문구가 없는 한글개역이 원래의 문장의 뜻에서 어긋난 것이냐 아니냐를 확인해 보아야 합니다.

4. 요일 5: 7의 뜻

이 절의 뜻을 바르게 파악하기 위해서는 5-8절을 같이 보아야합니다. 5-8절을 간단히 요약하면 "우리를 구원하시러 오신 하나님의 아들 예수님은 물과 피로 임하셨는데 그것을 성령이 증거하며, 성령과 물과 피 이 셋이 합하여 우리의 구원을 이루었다"입니다.

물 : 하나님의 말씀

피 : 예수 그리스도의 구속의 피

물과 피로 임하셨고 : 예수님께서 하나님 말씀을 이루시고, 속죄의 피를 흘려주셨다.

이 셋이 합하여 하나이니라 : 성령과 말씀과 피가 합하여 구원의 도리를 이루셨다.

한글개역의 뜻이나 KJV의 뜻이나 다 위와 같습니다.

한글개역이 성경 원 뜻에 어긋난 것이 아닙니다.

5. 한글개역의 이 구절도 하나님의 삼위일체 되심을 설명하고 있다

KJV의 7절이 하나님의 삼위일체 되심을 직접적으로 또는 유일하게 증거하는 것은 아닙니다.

그렇다고 간접 증거하는 말씀이라고 중요하지 않다는 것은 결코 아닙니다.

예를 들면, 간접 증거하는 말씀인데 아주 중요한 구절이 있지요.

바로 갈 4:25의 '아라비아에 있는 시내 산'입니다.

이 말씀 한 구절도 아닌 반 구절인데 이 말씀만 믿었다면 수천 년 동안 엉뚱한 곳으로 성지 순례 여행을 가지 않았을 것입니다.

한글개역의 이 구절이 하나님의 삼위일체 되심을 부정하는 것이 아니고 이를 증거하는 여러 구절 중의 하나입니다.

하나님은 어떤 분인가를 설명하는 여러 가지 단어나 학설 중에 삼위일체가 중요합니다.

　창 1:1의 하나님 1:2의 하나님의 신과 1:26의 우리 등등 성경 여러 곳에서 이를 나타내고 있고, 성경 전체의 정신(맥락)이 성부 성자 성령 삼위 하나님이 한 분(유일하신) 하나님이심을 내포하고 있습니다.

☑ 참고 : 이병규 목사 강해서. 공동서신 요한1서편.

　- 대소요리문답 5, 6.

6. 후일담

　필자는 평소 한글개역의 이 본문에서 이상한 점을 느끼지 못했고, 또한 외국어 실력이 미천하여 외국어 번역본이나 특히 사본은 본적도 없습니다.

　그런데 기독교 TV 프로에서 성경 번역과 인쇄를 주제로 하는 강의에서 위절을 다루는 것을 보고 한 번 살펴 볼까하는 생각을 했습니다.

　그 프로 끝 부분에 여성 패널이 "성경이 틀린 것이 있다니 더욱 혼란스럽다"고 한 멘트가 생각나네요.

　걱정 마십시오. 성경이 틀린 것이 아니고 다만 우리가 해석을 잘못하는 것일 뿐이니까요.

제2장 모순 논란 - 주기도문

예수님께서 직접 가르쳐주신 기도를 주기도라 하고 그것을 기록한 문장을 주기도문이라고 합니다.

마태복음 6장과 누가복음 11장에 기록 되어 있는데, 누가복음의 기도문에는 아래 부분이 없습니다.

"다만 악에서 구하옵소서 (대게) 나라와 권세와 영광이 아버지께 영원히 있사옵나이다. 아멘"

이를 두고 성경이 틀렸다고 논란을 빚고 있습니다.

1. 초점

이 경우도 앞 장의 주제와 같이 한 문구가 있고 없고의 문제입니다.

번역본이나 사본의 문제가 아니고, 누가복음에서 생략한 것으로 봅니다.

그 문구의 있고 없음이 주기도문 전체의 뜻에 어떠한 영향을 미치는지 살펴보아야합니다.

2. 주기도문의 문장 구성

제1단락 : 하늘에 계신 … 땅에서도 이루어지이다.

제2단락 : 오늘날 우리에게 … 시험에 들게 하지 마옵소서.

제3단락 : 다만 악에서 … 아멘.

3. 해석

제1단락 : 찬양과 감사

하나님의 뜻이 하늘에서 이루신 것을 찬양합니다.

이 땅에서도 하나님의 뜻을 이루어주세요.

이 땅이 하나님의 통치아래 있기를 원합니다.

제2단락 : 회개와 간구

우리에게 일용할 양식을 주세요.

우리의 형제를 용서하게 해주세요 - 회개.

우리의 죄를 용서해 주세요 - 회개.

우리가 시험에 빠지지 않게 해주세요.

제3단락 : 누가복음에 없는 구절

우리를 악한 일에서 구해주세요.

권세와 영광이 영원히 하나님께 있습니다.

4. 누가복음의 주기도문

주기도문의 제3단락이 누가복음에는 없습니다.

이것이 주기도 전체의 뜻에 어떤 영향을 주는지 생각해봅니다.

(1) "악에서 구하옵소서"는 "시험에 들게 하지 마옵소서"와 맥을 같이 한다고 봅니다.

(2) "권세와 영광이 아버지께 영원히"는 제1단락과 맥을 같이 한다고 봅니다.

그래서 필자는 이 문구가 주기도에 없다 해도 주기도 전체의 뜻을 축소시키지 않는다고 봅니다.

누가 또한 이러한 판단으로 누가복음에서 이 문구를 생략한 것으로 봅니다.

5. 또 다른 해석과 이에 대한 비평

1) 성경에 틀린 것이 있으므로 성경의 모순이라고 주장

주기도문의 일부 문구가 마태복음에는 있는데 누가복음에는 없는 것이 있습니다.

그러므로 두 성경이 다른 것은 사실입니다.

그렇다고 두 성경이 틀린 것이 아닙니다.

복음서 네 권을 보면 둘 이상의 성경이 공통 된 주제를 다루고 있는 경우가 있고, 한 성경에만 있는 경우가 있습니다.

이것을 가지고 성경이 틀렸다고 할 수 있습니까?

아닙니다. 성경이 틀린 것이 아닙니다.

이것을 필자는 "성경의 상호 보완성"이라고 합니다. 즉 이 성경이 다루지 않는 부분을 다른 성경이 다루고 있는 것입니다. 또 공통 된 주제를 다루고 있는 경우에도 성경 마다 내용의 표현이 다릅니다.

왜냐하면 "성경 기록자의 관점이 다르기 때문"입니다.

2) 예수님께서 가르쳐주신 기도 원문은 '누가복음이다'라는 주장

예수님은 누가복음의 주기도를 가르쳐주셨는데, 마태는 그 뒤 문구를 더 기록한 것이라는 주장이 있습니다.

언뜻 보면 이 주장이 그럴듯해 보입니다.

그런데 마태가 예수님의 행적과 말씀을 기록하면서 예수님께서 하시지 않은 말씀을 자기 생각대로 복음서에 기록했다는 것은 있을 수 없는 일입니다.

만약에 이 주장이 맞는다면 이와 같은 사례가 마태복음에 최소한 이일 외에 한 차례 이상 있어야 합니다.

그러나 그런 일은 없습니다.

이 주장은 "애굽으로 이주한 이스라엘 민족의 수"를 해석할 때 "초청받은 사람은 75명인데 실제로 간 사람은 70명"이라고 해석하는 경우와 같이 어불성설입니다.

☑ 참고 : 홍해 바닷길은 한강보다 넓다 2. 118-120. 수 66, 70, 75의 해석.

6. 결론

주기도문에서 마태복음에는 있는 문구가 누가복음에는 없는 것이 있습니다.

이로 인하여 두 성경이 서로 다른 것으로 보고, 성경에 틀린 것이 있다고 주장하는 견해가 있습니다.

그러나 이것은 성경 기록자의 관점이 서로 달라 다르게 기록한 것이지 성경이 틀린 것이 아닙니다.

참고로 말씀드리면 마태는 12 제자 중의 한 사람으로 예수님께서 가르쳐 주시는 주기도를 예수님께 직접 들은 사람이고, 누가는 직접 들은 것이 아니고 성경과 역사 기록과 전해들은 복음을 가지고 성경을 쓴 것입니다.

이 말은 마태는 있는 사실을 그대로 썼고, 누가는 사실을 가지고 판단을 해서 쓸 여지가 있었다는 뜻도 됩니다.

그 결과 누가는 주기도문 뒤의 일부 문구가 앞의 내용과 맥을 같이 하는 것으로 판단하여 생략한 것으로 보는 것이 타당할 것입니다.

또한 복음서의 기록 순서는 마태복음 -〉 누가복음 -〉 마가복음 -〉 요한복음의 순서로 되어졌습니다.

7. 비평

"예수님께서 가르쳐 주신 기도 원문은 누가복음이다"라는 주장은, 먼저 기록된 성경(또는 어떤 성경)에 틀린 것이 있어서 후에 기록된 성경(또는 다른 성경)이 바로 잡았다는 뜻이 됩니다.

그러나 성경 기록자의 관점이 달라서 "상호 보완"하는 경우는 종종 있지만, 먼저 나온 성경(또는 어떤 성경)이 틀려서 후에 나온 성경(또는 다른 성경)이 바로 잡은 예는 없습니다.

또한 성경 기록자가 자기 생각을 마치 예수님 말씀인 것처럼 기록했다는 것은 더더욱 있을 수 없는 일입니다.

그러므로 이 주장은 터무니없는 해석입니다.

우리가 다른 사람의 말이나 글을 인용할 때 1)문장 그대로 인용 하거나, 2)요약해서, 3)발췌하는 경우가 있는데 누가는 주기도문을 발췌한 것으로 생각됩니다.

☑ 참고 : 마라나타 2. 405-407. 사복음서의 기록 연대.

- in Jesus Christ. 93-99. 4복음서의 기록 순서.

제3장 죄와 벌(공회의 사형권)

마 27:25, "백성이 다 대답하여 가로되 그 피를 우리와 우리 자손에게 돌릴찌어다."

1. 예수님을 죽인 벌

1) 국가 소멸

유대 나라는 AD70년 로마 티토 장군에 의해 멸망당했습니다. 유대 민족은 전 세계로 흩어졌습니다.

2) 민족 대학살

나치 히틀러에 의해 유대인 600만 명이 학살당했습니다.

중세 시대 유럽에 흑사병이 창궐할 때 유대인 학살이 있었습니다.

3) 복음 단절

복음이 이방으로 나갔고, 유대에서는 2000년 동안 끊어졌습니다.

2. 회복

1) 국권 회복(1948년 5월 14일)

2) 이제 다시 이스라엘이 복음화 됩니다(롬 11:26하-27)

☑ 참고 : in Jesus Christ. 89-92. 이제 남은 일.

3. 공회의 사형권 성경이 증명한다

예수님 당시의 유대 공회에 사형 판결 및 집행권이 있었음에 대해서
는 필자의 책 마라나타 2. 281-284 참조. 우리에게는 사람을 죽일 권이
없나이다. 367-368. 공회의 사형 판결권. 368-369. 사도 바울은 공회원
에서 자세히 밝혔습니다.

오늘은 이 문제에 대해서 심층 상고하여 공회와 유대인에게 사형권
이 있음을 성경이 증명하고 있음을 설명하고자 합니다.

1) 유대인들이 사형권이 있다고 스스로 증언함

요 19:7, "유대인들이 대답하되 우리에게 법이 있으니 그 법대로 하면
저가 당연히 죽을 것은"

(1) 법 : 율법과 규례와 장로들의 유전 또 공회 관련 규정 등을 말하는
것으로 볼 수 있는데, 여기서는 레 24:16을 말하는 것으로 봅니다.

(2) 법이 있으니 : "있으니"의 시제는 현재형으로 지금 현재 시행 되는
법이 있다는 뜻입니다.

과거(구약 시대)에만 있었거나, 로마의 식민지 상태인 지금도 로마에
의해 집행 금지된 상태가 아니라는 뜻입니다.

(3) 하나님 훼방죄

레 24:16, "여호와의 이름을 훼방하면 그를 반드시 죽일찌니 온 회중
이 돌로 그를 칠 것이라."

감형이나 집행 유예가 불가한 반드시 사형 시켜야 되는 죄입니다. 사

형 방법은 돌로 쳐 죽이는 "투석형"입니다.

2) 빌라도가 예수님을 헤롯에게 보냄

예수님께 죄가 없으신 것을 안 빌라도가 예수님 재판을 헤롯에게 떠 넘겼습니다.

눅 23:6-7, "헤롯의 관할에 속한 줄을 알고 헤롯에게 보내니"

빌라도가 유대인의 법대로 재판하라고 하였습니다.

요 18:31, "너희가 저를 데려다가 너희 법대로 재판하라."

3) 헤롯 왕이 두 살 아래 남자 아이를 모두 죽임

마 2:16, "베들레헴과 그 모든 지경 안에 있는 사내아이를"

예수님 탄생 당시에도 유대는 로마의 식민지 상태였습니다.

그때 유대 전 지역을 통치하는 왕이 헤롯이며 이는 갈릴리 분봉왕 헤롯 안티파스의 부친입니다.

그때 헤롯 왕은 베들레헴과 그 부근의 두 살 아래 남자 아기를 모두 죽였습니다.

4) 헤롯이 세례 요한을 목 베어 죽임

마 14:10, "사람을 보내어 요한을 옥에서 목 베어"

이 헤롯이 갈릴리 분봉왕 헤롯 안티파스이며, 그 후 예수님을 십자가에 죽으시게 합니다.

5) 공회가 스데반을 처형함

행 6:15, "공회 중에 앉은 사람들이 다 스데반을 주목하여 보니"

행 7:59, "저희가 돌로 스데반을 치니"

6) 헤롯 아그립바가 야고보 사도를 죽임

행 12:1-2, "헤롯이, 요한의 형제 야고보를 칼로 죽이니"

행 12:3, "베드로도 잡으려 할째"

7) 공회가 사울에게 교회 잔멸권을 줌

행 22:20, "스데반의 피를 흘릴 적에 내가 곁에 서서"

행 8:3, "사울이 교회를 잔멸할째"

행 9:2, "다메섹 여러 회당에 갈 공문을 청하니"

행 26:10, "성도를 옥에 가두며 또 죽일 때에"

8) 오랜 후에는 공회가 바울을 죽이려함

행 23:1, "바울이 공회를 주목하여 가로되"

행 28:18-19, "죽일 죄목이 없으므로"

4. 공회가 예수님을 빌라도에게 넘긴 이유

공회에 사형권이 없어서가 아닙니다. 공회는 사형권이 있습니다.
그런데 왜 사형 판결을 하지 못하고 빌라도에게 넘긴 것일까요?

1) 예수님이 죄가 없으시기 때문에 "사형 판결"을 못한 것임

행 13:28, "죽일 죄를 하나도 찾지 못하였으나"

그래서 그 대신 "죽이기로 결의"를 한 것입니다(마 20:18; 27:1).

2) 자기들은 못 죽이니까 빌라도에게 죽여 달라고 한 것임

예수님이 죄가 없어 자기들은 죽일 수 없고. 죽여야만 되겠으며 그래서 반역죄의 누명을 씌워 빌라도에게 보낸 것입니다.

3) 책임 전가임

예수님은 죄가 없으십니다. 죄 없는 자를 죽인 책임을 행정권자인 빌라도에게 돌리기 위한 것입니다.

5. 그 결과 예수님은 십자가 처형을 당하심

유대의 사형 제도는 돌로 쳐 죽이는 것인데, 로마에는 십자가 형, 화형, 교수형 등의 사형제도가 있었습니다.

유대인들은 그 중에서 십자가 처형을 빌라도에게 강청한 것입니다.

눅 23:21, "저를 십자가에 못 박게 하소서."

마 27:24, "도리어 민란이 나려는 것을 보고"

빌라도는 예수님이 죄가 없으신 것을 자기 입으로 세 번이나 말했으면서도, '민란'을 두려워하여 예수님을 십자가에 못 박으라고 사형 판결을 한 것입니다.

6. 십자가 처형을 당하시게 하려고 유대인들이 예수님을 빌라도에게 넘긴 것인가?

그런 것이 아닙니다.

유대인들은 자기들이 사형 판결을 못해서, 예수님을 빌라도에게 넘긴 것입니다. 십자가 처형은 재판 현장에서 요구한 것입니다.

7. 예수님께서 십자가 처형을 당하신 것은 말씀을 이루게 하시는 하나님의 섭리입니다.

1) 예수님이 우리대신 저주를 받으심

신 21:23, "나무에 달린 자는 하나님께 저주를 받았음이니라."
갈 3:13, "그리스도께서 우리를 위하여 저주를 받은바 되사"
예수님께서 우리의 죄 때문에 우리대신 저주를 받으신 것입니다.

2) 광야에서 불뱀에 물린 자

요 3:14, "모세가 광야에서 뱀을 든 것같이 인자도 들려야 하리니"
민 21:9, "모세가 놋뱀을 만들어 장대 위에 다니"
광야에서 불뱀에 물린 자들이 놋뱀을 쳐다보면 다 살아났습니다.

8. 공회에 사형권이 없어서 빌라도에게 넘겼다고 해석하면 안 되는 이유

만약에 공회에 사형권이 없다면 사형 판결을 못하는 것이 당연합니다. 그렇다면 유대인은 예수님을 죽인 죄가 없는 것이 됩니다. 다만 그들은 없는 죄를 씌워서 예수님을 고소, 고발한 것뿐이니까요.

1) 그렇게 해석하면 예수님께서 틀린 말씀을 하신 것이 됨

요 19:11, "나를 네게 넘겨준 자의 죄는 더 크니라."

예수님을 넘겨준(고소, 고발) 자는 유대인이고, 사형 판결을 한 자는 빌라도인데, 고소, 고발한 자의 죄가 죄 없는 자를 사형 판결한 자 보다 크다고 말씀 하신 것처럼 됩니다.

이게 말이 됩니까?

2) 또 그 후에 유대인들이 받은 벌

'1. 예수님을 죽인 벌'을 생각해 봅시다.

없는 죄를 씌워 고소, 고발한 것은 "무고죄"인데 그에 대한 벌이 이렇게 엄청날 수 있는 것입니까?

반면에 죄 없는 자를 사형 판결하여 죽인 빌라도에 대한 형벌은 성경엔 기록이 없습니다. 특별히 죄책을 묻지 않았다는 것입니다.

9. 예수님께 덮어씌운 죄목

1) 공회가 죽이기로 결의할 때 = 하나님 훼방 죄와 성전 모독죄를 덮어씌움

마 26:59-63, "하나님의 성전을 헐고, 하나님의 아들 그리스도냐."

(1) 하나님 훼방 죄를 덮어씌움

예수님은 하나님의 아들이시오, 우리의 그리스도이십니다.

마 16:16, "시몬 베드로가 대답하여 가로되 주는 그리스도시요 살아 계신 하나님의 아들이시니이다."

그런데 유대인들은 예수님께서 자신을 하나님의 아들이라고 사칭하여 하나님을 모독했다고 하나님 훼방 죄를 덮어 씌웠습니다.

요 19:7, "그 법대로 하면 저가 당연히 죽을 것은 저가 자기를 하나님 아들이라 함이니이다."

(2) 성전 모독죄를 덮어씌움

요 2:19, "예수께서 대답하여 가로되 너희가 이 성전을 헐라."

예수님은 헤롯 성전을 헐라고 하신 것이 아니고, 성전 된 자기 육체를 헐라고 하신 것입니다.

이 성전 : 예수님의 몸

요 2:21, "그러나 예수는 성전 된 자기 육체를 가리켜 말씀하신 것이라."

그러나 유대인들은 예수님께서 헤롯 성전을 헐라고 하셨다고 성전 모독죄를 덮어 씌웠습니다.

마 27:38, "예수를 모욕하여 가로되 성전을 헐고 사흘에 짓는 자여."

(3) 공회가 사형을 결의함

마 26:66, "저는 사형에 해당하니라."

요 19:7, "우리에게 법이 있으니, 저가 당연히 죽을 것은"

율법에 하나님을 훼방한 죄는 사형(돌로 쳐 죽임)

레 24:16, "여호와의 이름을 훼방하면 그를 반드시 죽일찌니 온 회중이 돌로 그를 칠 것이라."

마 20:18, "저희가 죽이기로 결안하고"

마 27:1, "예수를 죽이려고 함께 의논하고"

(4) 공회는 사형권이 있어

공회는 사람을 죽일 권한이 있지만, 예수님에게서 죄를 찾지 못해, 사형 판결을 하지 못하고, 죽이기로 결의하고, 예수님을 빌라도 총독에게 넘긴 것입니다.

2) 빌라도에게 넘길 때 = 반역죄를 덮어씌움

눅 23:2, "세 바치는 것을 금하며 자칭 왕 그리스도라."

요 19:12, "무릇 자기를 왕이라 하는 자는 가이사를 반역하는 것이다."

유대인들은 예수님께서 로마 황제를 반역하는 행위를 했다고 반역죄의 누명을 씌웠습니다.

3) 죄목의 변경을 잘 보아야합니다.

▶ 공회 재판 때 : 하나님 훼방죄, 성전 모독죄

▶ 총독 재판 때 : 로마 황제에 대한 반역죄

공회는 종교 문제로 다뤘고, 총독에게는 사회 문제로 고발한 것을 알 수 있습니다.

여기서 공회와 총독의 권한의 범위를 알 수 있는 것입니다.

공회는 종교법에 의한 사형권이 있었고 , 총독에겐 사회법에 의한 사형권이 있었습니다.

10. 본디오 빌라도에게 -〉 헤롯과 빌라도에게

1) 신앙고백문 내용 고쳐야

우리가 예배 때 마다 신앙고백 하는 사도신경에는 성경에 맞지 않는 내용이 여럿 있습니다.

이 전까지는 필자도 다 함께 무심코 그대로 고백하였습니다. 그러나 이제 성경에 맞지 않는 내용들이 발견 되고는 심령이 편안치 못합니다.

그래서 어제(5월 7일) 주일 오전 예배 대표기도를 하면서 하나님께서 이것을 고치게 해주시길 기도하였습니다.

2) 통치권과 사형권

행 4:27, "과연 헤롯과 본디오빌라도는 이방인과 이스라엘 백성과 합동하여 하나님의 기름 부으신 거룩한 종 예수를 거스려"

(1) 헤롯 : 예수님 당시의 헤롯은 갈릴리 분봉왕 헤롯 안티파스를 말하며, 예수님 탄생 당시에 두 살 아래 남자 아이를 모두 죽인 헤롯의 아들이며 유대의 분봉왕 아켈라오의 동생이며 동생 빌립의 아내 헤로디아와 결혼 하여 세례 요한의 책망을 받고 그를 목 벤 자입니다.

그래서 헤롯을 유대인 및 공회를 대표(상징)하는 인물로 보는 것입니다.

(2) 본디오빌라도 : 유대지역의 로마 총독 제도는 AD 6년 유대 분봉왕 아켈라오를 폐하고 제1대 총독 코포니우스를 파견한 것으로 시작되어 본디오빌라도는 제5대 총독입니다.

(3) 통치권 : 이때 당시는 헤롯은 갈릴리 지역을 , 빌라도는 유대지역을 통치하는 권한이 있었고, 공회는 모든 유대인에게 영향권이 있었습니다.

눅 3:1, "본디오 빌라도가 유대 총독으로, 헤롯이 갈릴리의 분봉왕으로, 그 동생 빌립이 이두래와 드라고닛 지방의 분봉왕으로, 루사니아가 아빌레네의 분봉왕으로"

(4) 사형권

통치권을 정리 하고보니 그동안 우리를 그렇게 괴롭혔던 "사형권 환수" 문제가 풀립니다.

▶ 유대 지역 : 유대인 왕이 없이 로마 총독이 통치를 하는 곳이니 당연히 사형권이 총독에게 있습니다.

▶ 갈릴리 지역 : 로마 총독이 없이 유대인 왕이 통치 하는 곳이므로 여기는 사형권이 유대인 왕에게 있는 것입니다

▶ **공회** : 공회는 종교 문제에 대하여 사형권까지, 모든 유대인에게 또 모든 이스라엘 지역에 영향력이 있습니다.

이스라엘이 로마의 식민지라고 해서 사회, 종교의 모든 통치권과 사형권을 로마가 환수한 것이 아닙니다.

통치권자가 로마 총독인 유대지역만 사형권도 로마 총독인 빌라도에게 있었던 것입니다.

종교 문제에 대한 사형권은 공회에 있습니다.

(5) 죄목의 변경도 이를 증명함

공회가 예수님께 덮어씌운 죄목이 자기들이 죽이기로 결의할 때는 하나님 훼방죄였는데, 빌라도에게 보낼 때는 반역죄로 달라진 이유도 공회에는 사회 통치권이 없고 따라서 일반 범죄의 처벌권이 없기 때문이고, 또한 빌라도 총독에게는 종교적인 문제에 대한 통치와 처벌권이 없기 때문입니다.

(6) 바울의 경우

오랜 후에 유대인들에게 잡혀 죽게 된 바울을 체포한 천부장 글라우디오 루시아가 조사한 결과 바울에게 사회적으로 죄가 없고, 다만 그들의 종교 문제뿐이라 자기가 처리하지 못하고 벨릭스 총독에게 바울을 보낸 것도 피 지배국인 유대의 종교 문제이기 때문입니다(행 23:26-30).

3) 아울러 숨도 못 쉬게 혼잡한 김포 지하철

고통을 견디지 못해 몇 사람이 생을 마감하게 한 전세 사기로 거리에 나앉게 된 수천 가구의 서민을 위한 지혜를 관계 당국자들에게 주시길 기도하였습니다.

4) 위에서 살펴본 것 같이

예수님을 죽인 죄는 빌라도보다 공회가 더 큽니다.

예수님도 나를 너에게 넘겨준 자의 죄가 더 크다고 하셨습니다(요 19:11).

이래도 이 사도신경 내용으로 그냥 무심코 신앙고백 하시렵니까? 제발 고칩시다. 하루 빨리.

11. 여담 한마디

1) 밤중에

밤중에 잠이 깨어 거실 커튼을 열어보니 밝은 빛이 들어오네요.

도시의 불빛이라고 하기엔 평소보다 훨씬 밝네요.

위를 보니 둥근 달이 떠 있네요.

보름 때 인가봅니다.

벽시계를 보니 두시네요.

2) 우여곡절 끝에

공회에 사형권이 없다는 해석이 너무도 강하게 자리 잡고 있어서 이 것을 바로 잡기가 너무 어렵습니다.

지난주일 오후부터 오늘까지 6일 만에 이 글을 완성합니다. 인터넷 검색을 해보면 공회에 사형권이 없다는 글이 도배 되다시피 하고, 다른 분에게 자문을 구하다가 서로 의견이 맞지 않아 티격태격하고…

우리가 잃어버린 물건을 찾을 때 여기도 찾아보고 저기도 찾아보고 어제도 찾아보고 오늘도 찾고 찾을 때까지 찾지요.

결국 찾으면 "아! 여기다 두고 그렇게 찾았네." 오늘 아침 필자의 아 내가 무엇인가를 병원에 들고 다니는 가방 안에서 꺼내며 한 말이기도 합니다.

3) 키는 눅 3:1에

이 주제의 키를 누가복음 3장 1절에서 찾았습니다.

총독과 분봉왕 그들이 통치하는 지역이 다릅니다.

통치권이 있는 곳에만 그에게 사형권도 있는 것이지요.

로마가 공회의 사형권을 회수한 것이 아닙니다.

빌라도 총독에게 사형권이 있다는 말은 맞는 말이지만, 분봉왕에게 사형권이 없다는 말은 틀린 것입니다.

더더욱 공회에 사형권이 없다는 해석은 틀린 것입니다, 종교 문제에 대한 사형권이 공회에 있습니다.

성도 여러분! 이제는 더 이상 공회에 사형권이 없어서 예수님을 빌라도 총독에게 넘겼다는 말은 하지 맙시다.

12. 요 18:31의 재해석

요 18:31, "유대인들이 가로되 우리에게는 사람을 죽이는 권이 없나이다."

우리가 그동안 공회는 사형권이 없다고 해석한 이유 중 하나가 바로 이 구절 말씀입니다.

1) 공회가 사형권이 없다고 해석한 근거

(1) 성경 말씀을 근거로 함

요 18:31, "우리에게는 사람 죽이는 권이 없다."

(2) 시대 상황을 근거로 함

유대는 그 당시 로마의 식민지였고, 로마는 사형권을 환수했다.

(3) 우리는 그동안 이런 이유로 공회가 사형권이 없다고 생각해 왔습니다.

2) 요 18:31의 재해석

유대인들이 사람 죽이는 권이 없다고 말한 이유는 아래와 같습니다.

(1) 공회에 사형권이 없다는 말이 아닙니다.

공회는 사형권이 있습니다.

(2) 예수님에게서 죽일 죄를 찾지 못하였기 때문입니다.

필자는 마라나타 2. 283에서 이렇게 설명하였습니다.

(3) 공회가 일반 형법적 사형권이 없다는 뜻으로 보아야합니다.

일반 형법적 사형권은 유대 총독에게 있습니다. 총독에게 고소, 고발한 죄목은 반역죄로 종교 문제가 아니고 일반 형법적인 문제입니다.

3) 분봉왕과 공회에 사형권이 있는 것은 위와 같이 성경이 증명합니다.

(1) 분봉왕의 사형권 : 대헤롯이 남자 아기를 죽인 것, 헤롯안디바가 세례 요한을 죽인 것, 헤롯아그립바가 사도 야고보를 죽이고 또 베드로를 죽이려한 것.

(2) 공회의 사형권 : 예수님을 죽인 것, 스데반을 죽인 것, 사도 바울을 죽이려 한 것(행 23:27).

4) 우리가 그동안 공회가 사형권이 없다고 생각한 것은 틀린 생각입니다.

(1) 어떤 이는 공회가 사형권이 없다는 증거가 위 두 가지 이유 외에 로마 역사나 법에 기록이 있다고 하는데, 아마도 그 근거를 찾지 못할 것입니다.

성경이 공회와 유대 분봉왕의 사형권을 증명하고 있지 않습니까?

(2) 필자는 로마 시민권자를 보호하는 법이 있었던 것은 알고 있습니다.

필자의 성경책 "호크마 성경전서" 신약 228쪽, 행 22:25의 "로마 사람"
에 대한 주석입니다.

"당시에 로마 사람들은 발레리안 법과 포르시안 법에 의해 보호를 받
았는데, 정당한 재판에 의해 형이 확정되지 않은 상태에서의 채찍질은
금지되어 있었다."

(3) 사도 바울이 이 법의 보호를 받은 일은 사실상 없었다. 바울은 로
마 시민권자입니다.

바울 스스로 여러 차례 자기가 로마 시민권자임을 말하였습니다.

행 16:37, "바울이 이르되 로마 사람인 우리를 죄도 정치 아니하고"

행 22:25, "로마 사람된 자를 죄도 정치 아니하고 채찍질할"

행 25:16, "로마 사람의 법이 아니니라."

그러나 사실상 이 법에 따른 보호를 받지는 못했습니다.

바울이 말을 하기는 했는데 사실 맞을 것 다 맞은 다음에 신분을 말한
것입니다.

☑ 참고 : 마라나타 2. 390-392. 로마 시민권자 바울

(4) 사도 바울이 이 법을 선용한 사례

▶ 행 25:11, "내가 가이사께 호소하노라."

예루살렘에서 체포 되어 가이사랴에 2년 간 구류 되어 있은 후의 일
입니다.

이렇게 해서 바울은 로마로 이송 됩니다.

▶ 딤후 1:8, "갇힌 자 된 나를"

필자는 사도 바울이 디모데후서를 쓴 곳을 빌립보 감옥으로 파악하였습니다. 그리고 로마로 이송 되어 순교한 것으로 봅니다.

이때 바울이 첫 번 예루살렘에서 체포 되어 로마로 이송 될 때처럼 가이사에게 호소하였거나, 아니면 빌립보 총독이 로마 시민 권자인 바울을 직접 처형하지 못하고 로마로 보낸 것으로 추정해 볼 수 있는데, 필자는 빌립보 총독이 바울을 로마로 보낸 것으로 봅니다.

☑ 참고 : 마라나타 2. 390-392. 로마 시민 권자 바울. 386-389. 디모데후서는 로마에서 썼는가.

  - 홍해 바닷길은 한강보다 넓다 2. 83-84. 디모데후서는 로마에서 썼는가.

제4장 예정과 방주

1. 예정과 예정론

1) 하나님의 예정 : 하나님은 창세전에 미리 예정하여 택하신 자를 구원하십니다.

행 13:48, "영생을 주시기로 작정된 자는 다 믿더라."

롬 8:29, "하나님이 미리 아신 자들로 또한 그 아들의 형상을 본받게 하기 위하여 미리 정하셨으니"

엡 1:4, 5, "곧 창세전에 그리스도 안에서 우리를 택하사, 그 기쁘신 뜻대로 우리를 예정하사"

2) 예정론

하나님의 예정을 이해하기 위한 인간의 학설.

▶ 예정예지설 : 하나님께서 미리 예정하신 자를 구원하신다.

▶ 예지예정설 : 하나님께서 그 사람이 구원 받을 것을 미리 아시고 그를 예정하셨다.

인간의 의지가 작용되느냐 않느냐에 따라 학설이 나뉩니다.

장로교는 구원은 전적으로 하나님의 주권에 있다고 믿는 예정예지설을, 감리교는 구원에 인간의 의지가 작용된다고 보는 예지예정설을 각각 지지합니다.

3) 필자의 경우

필자는 예정예지설을 지지하는 장로교 신자입니다.

필자의 개인적인 경험에 비추어보면, 어느 날 교회에 나가게 되었고 또 언제부터인가 예수님이 믿어지기 시작했습니다.

2. 방주 승선 인원

1) 방주 제작 기간

필자는 방주 제작 기간을 최장의 경우 70년이라는 해석을 배웠고 그래서 그렇게 알고 또 그렇게 알려주고 있었습니다.

그러나 이번에 다시 살펴보면서 "최단 1년에서 최장 98년 사이의 어느 특정 기간에 있는 것이 분명하지만 우리는 그 기간을 특정할 수 없다"로 바꿨습니다.

2) 창 6:13-21

우리가 그동안 노아가 방주 제작 지시를 받은 것은 세 아들이 결혼한 후라고 보아온 이유가 바로 창 6:13-21을 한 문장으로 보았기 때문입니다.

그 결과 방주를 짓기도 전에 이미 방주 승선 인원이 노아의 8식구로 정해진 것처럼 되는 중대한 해석의 오류를 가지고 있었던 것입니다.

3) 그런데 더 큰 문제

우리가 이렇게 중대한 오류를 가지고 있다는 사실을 까맣게 모르고 있었던 것입니다.

3. 예정예지와 방주 승선 인원

1) 하나님께서 "예정하신 사람만" 구원 받는 것이기 때문에 방주 제작 전에 이미 노아의 8식구로 승선 인원이 정해진 것이라는 견해가 있습니다.

2) 필자는 이 해석 때문에 한동안 헷갈렸습니다.

그런 것 같기도 하고, 아닌 것 같기도 하고.

3) 그런데 틀렸습니다.

하나님의 구원이 결과만 놓고 보면 예정하신 자만 구원 받는 것이 맞는다고 볼 수도 있습니다.

그러나 이것을 한번 생각해 봅시다.

방주 제작기간이 50년이라고 가정해 봅시다.

그러면 방주가 완성되기 50년 전에 하나님은 노아에게 "방주를 만들어라 그리고 너희 8식구만 들어가라." 이렇게 지시하신 것이 됩니다.

그러면 아래와 같은 문제가 생깁니다.

4) 협조한 일군들

저희 8식구만 들어가려고 방주를 만드는데 누가 협조하겠습니까?

5) 의를 전파하는 노아

(1) 의는 복음

의(義)는 복음을 말하는데, 노아는 하나님을 믿고, 하나님 말씀을 순종해서 방주를 만드는 일과, 그때의 사람들에게 세상 심판에 대한 말을 전해주는 것을 통해 의(복음)을 전파했던 것입니다.

그런데 자기들만 들어가기 위해 방주를 만드는 일이 무슨 의가됩니까?

마 24:37-39, "홍수 전에 노아가 방주에 들어가던 날까지 사람들이 먹고 마시고"

(2) 노아의 복음

벧전 3:19, "저가 또한 영으로 옥에 있는 영들에게 전파하시니라."

▶ 옥에 있는 영들 : 노아 당시 하나님 말씀을 불순종하여 구원 받지 못한 사람들의 영혼입니다.

노아 당시 노아의 8식구 외의 모든 사람들을 말하며, 이는 또한 창세로부터 끝 날까지 구원 받지 못하는 모든 사람들을 말하는 것입니다.

▶ 저가 또한 영으로 : 예수님의 영이신 성령께서 노아를 통해서.

(3) 롯의 의

벧후 2:6-8, "고통하는 의로운 롯을 건지셨으니, 그 의로운 심령을 상하니라."

인간의 도덕적 의뿐만이 아니고, 믿음에서 나오는 의를 말합니다.

6) 하나님은 오래 참고 기다리셨다

하나님께서는 사람들이 회개하고 돌아오기를 노아가 방주를 만드는 기간 동안 참고 기다리 신 것인데, 노아의 8식구로 제한 해 놓으시고 누구를? 무엇을? 참고 기다리셨다는 것입니까?

▶ 오래 참고 : 하나님께서 오랜 동안 참아주시고, 기다려 주십니다.

택자가 회개하고 돌아오기를 또 불택자에 대한 심판을 참아주시고 기다려주십니다.

벧전 3:20, "노아의 날 방주 예비할 동안 하나님이 오래 참고 기다리실 때"

벧후 3:9, "오래 참으사 아무도 멸망치 않고 다 회개하기에 이르기를"

롬 9:22, "진노의 그릇을 오래 참으심으로 관용하시고"

딤전 1:16, "내게 먼저 일절 오래 참으심을 보이사"

☑ 참고 : 홍해 바닷길은 한강보다 넓다 2. 121-125. 181-184. 베드로서 이해하기.

4. 예정 이해 바르게 해야

1) 예정 오해

방주 제작 전에 승선 인원을 8명으로 정하신 것으로 보는 해석이 나오는 이유는 하나님의 예정을 오해한 결과로, "미리 정하신 자를"이 아니고 "미리 정하신 자만"으로 오해하기 때문입니다.

이는 마치 데살로니가 교인들이 바울의 편지를 받고 살전 5:2에서 "주의 날이 밤에 도적같이"를 "어느 날 갑자기"가 아니고 "지금 즉시"로 오해하여 소동을 일으킨 사례와 같은 것입니다.

"미리 정하신 자만"이 아니고, "미리 정하신 자를"로 바르게 이해해야 합니다.

2) 복음을 전해야

하나님께서 미리 정하신 자가 누구인지 인간은 모릅니다.

본인 자신도 택자인지 아닌지 모르고 있다가 예수님이 마음에 믿어질 때에야 "아! 내가 구원 받은 자구나, 나는 하나님의 택자였구나"하고 깨닫게 되는 것입니다.

그래서 누구에게나, 어느 시대나 복음을 전해야 되는 것입니다.

3) 예정 성취

미리 정하신 자는 기필코 구원 하십니다.

어머니의 태로부터 구원 받는 자도 있고 필자와 같이 40이 다 돼서 구원 받는 자도 있고, 십자가의 한 행악자 같이 죽음의 문턱에서 구원 받는 자도 있습니다.

4) 학설과 하나님 뜻

인간의 학설은 하나님의 뜻을 이해하기 위한 방편이지 인간의 학설이 하나님의 뜻을 좌우하는 것이 아닙니다.

학설이 여러 가지인 것은 그만큼 인간의 학설이 완전하지 못하다는 증거이지, 하나님의 뜻이 여러 가지여서 그런 것이 아닙니다.

하나님의 뜻이 인간의 학설에 의해 축소, 왜곡되어서는 안 됩니다. 하나님의 뜻은 인간의 학설을 능가할 수 있지만, 인간의 학설이 하나님의 뜻을 능가할 수는 없는 것입니다.

제5장 아모스

아모스 선지자는 BC 760-750년경에 북 이스라엘에서 활동하였습니다. 이스라엘과 여러 나라들의 죄에 대한 하나님의 심판을 예고하고, 마지막으로 이스라엘의 회복 약속을 전하였습니다.

이때는 북 이스라엘 여로보암 2세와 남 유다 웃시야 왕 때로 정치적 안정과 경제적 풍요를 이루었을 때랍니다.

1. 아모스를 통해 주신 말씀

1) 하나님은 비밀을 선지자에게 보이시고 행하신다(암 3:7)

하나님께서는 우리의 구원과 심판을 행하시기 전에 그 비밀을 하나님의 종 선지자들에게 미리 알려주시고 행하신다는 말씀입니다.

요즘 세상에 나타나는 여러 가지 징조로 보아 예수님께서 다시 오실 때가 다 된 것을 알 수 있습니다.

☑ 참고 : in Jesus Christ. 89-92. 이제 남은 일

2) 악한 때에는 지혜자가 잠잠한다(암 5:13)

지혜자가 숨는다는 뜻도 있고, 지혜자의 말을 듣지 않는다는 뜻이 있습니다.

전 9:16, "가난한 자의 지혜가 멸시를 받고 그 말이 신청되지 아니한다."

3) 다림줄 심판(암 7:7)

▶ 다림줄 : 건축 현장에서 기둥이나 벽체가 수직으로 잘 세워졌는지 측정하는 용도로 쓰이는 도구로 긴 줄(실) 끝에 원추형 금속 추를 달아서 사용합니다.

우리의 신앙생활이 바르게 세워졌는지를 다림줄(성경)로 평가하신다는 말씀으로 이해합니다.

4) 이삭의 산당들이 황폐 된다(암 7:9)

▶ 이삭의 산당 : 이스라엘 백성들이 그들의 선조 이삭을 존경하는 마음으로 곳곳에 산당을 세워 놓고 이삭을 기념하였습니다.

그 산당들이 부서지고 그 터가 황폐화 되게 하시겠다는 말씀입니다. 하나님께서 이삭을 기념하는 일을 옳지 않게 보시는 증거입니다.

죽은 사람을 기념하는 것은 우상숭배입니다.

오늘날 추도예배를 하면 안 되는 근거 말씀입니다.

☑ 참고 : 마라나타 2. 24-34. 버려야 할 관습 : 추도예배

5) 말씀 기갈이 온다(암 8:11)

말세에 말씀 기근 현상이 있을 것임을 예고하시는 말씀입니다.

왜곡된 성경 번역, 잘못된 해석, 말씀이 없는 설교, 성경을 읽지 않음.

☑ 참고 : 마라나타 2. 237-242. 출애굽기 20:23의 번역

6) 한 알갱이도 땅에 떨어지지 않을 것이다(암 9:9)

7) 다윗의 무너진 천막을 다시 일으켜 주겠다(암 9:11).

2. 아모스의 신분과 필자의 처지

1) 아모스의 신분

암 7:14, "나는 선지자가 아니며 선지자의 아들도 아니요."

아모스는 목자(양치기)요 뽕나무를 배양하는 자로서 양떼를 따를 때, 하나님께서 이스라엘에게 말씀 전할 사명을 주셨습니다.

아모스는 원래 남 유다의 드고아 지방에서 양을 치는 사람이었습니다. 어느 날 하나님께서 부르셔서 북 이스라엘에 가서 예언하라 하신 것입니다.

2) 필자의 처지

필자는 신학 공부를 해서 석·박사 학위가 있는 사람도 아니고, 목사 안수를 받은 사람은 더더욱 아닙니다.

그렇다고 아모스처럼 하나님께서 부르셔서 "얘야 내가 성경을 해석해 줄 테니 책으로 내거라"고 말씀하신 일도 없습니다.

다만 우리가 알고 있는 성경 지식 중에 틀린 것이 때때로 발견 되고, 그것이 새롭게 해석 되고, 나 혼자만 알고 있으라고 주신 것이 아니라는 생각이 들고, 그래서 계속 글을 쓰고 또 책을 내는 것입니다.

책을 사는 사람도 없고, 선물로 주어도 읽지 않고, 사람 복장 터지게 하는 말들이나 하고, 그래도 듣든지 아니 듣든지 ….

언젠가는 판정이 나겠지요. 필자의 책 내용이 하나님의 뜻에 가깝다는 것이 ….

3) 어떤 설교

최근에 목회자와 성도들 수백 명이 모인 집회에서 어떤 목사님은 아모스와 같이 평신도 중에도 하나님의 일을 맡은 사람이 있을 수 있다는 설교를 하셨다는데 ….

메아리 없는 공허함만 남지 않았는지 ….

"저희의 말 하는 바는 행하고 지키라, 그러나 행위는 본받지 말라" 하신 예수님 말씀이 생각나니 씁쓸합니다.

제6장 드보라

2대 사사 에훗이 죽은 후에 이스라엘은 가나안 왕 야빈을 20년 동안 섬겼습니다.

그때 하나님께서 드보라를 사사로 세우셨습니다.

사사 : 하나님께서 세우신 자로, 이스라엘을 위기에서 구하고, 통치하는 지도자.

드보라는 성경에 기록된 몇 안 되는 여성 사역자요, 당대의 단독 사역자입니다.

1. 드보라의 치적

1) 드보라는 바락을 세워 야빈 군대를 격파하였습니다.

야빈의 장수 시스라를 겐 사람 헤벨의 아내 야엘이 처단하였습니다.

2) 40년 간 이스라엘을 평화롭게 다스렸습니다.

오늘날 우리나라 대통령의 임기는 5년인데, 40년 평안이라 참 부럽습니다.

2. 드보라를 세우심

1) 드보라는 평범한 부인이었습니다.

삿 4:4, "그 때에 랍비돗의 아내 여선지 드보라가"

2) 드보라는 여 선지자였습니다.

삿 4:5, "이스라엘 자손은 그에게 나아가 재판을 받더라."

3) 하나님께서 드보라를 사사로 세우셨습니다.

평범한 가정주부로서 선지자의 일을 하던 드보라를 하나님께서 사사로 세우셔서 이스라엘을 위기에서 구하고, 나라를 다스리게 하셨습니다.

3. 드보라가 등장하게 된 사회적 배경

1) 이스라엘에 죄가 극심하여, 가나안 왕 야빈을 20년 간 섬기는 벌을 받을 때입니다.

2) 관원이 그쳤습니다.

삿 5:7, "이스라엘에 관원이 그치고 그쳤더니 나 드보라가 일어났고"

▶ 관원 : 사사를 말하는 것으로 이해합니다.

▶ 그쳤다 : 사람(지도자)이 아예 없거나, 제 역할을 못할 때라고 봅니다.

4. 목사 장로 안수

교회의 목사, 장로를 세울 때 남성과 여성을 구분해야 하는가 하는 문제를 살펴봅니다.

1) 여성 안수를 허락하시지 않는 것으로 보는 말씀

창조의 원리 : 창 2:21; 딤전 2:13

범죄의 순서 : 창 3:6-7; 딤전 2:14

남녀 간의 질서 : 창 3:16

교회의 질서 : 고전 11:3

성경이 허락하지 않음 : 딤전 2:11-12; 딤전 3:1-2; 고전 14:34-35

2) 여성 안수를 허락하시는 것으로 보는 말씀

남녀평등 시대 : 갈 3:28

여 선지자 : 미리암(출 15:20), 드보라(사사기 4장, 5장)

만인 제사장 시대 : 벧전 2:5

초대 교회 여 사역자 : 브리스길라(행 18:2), 뵈뵈(롬 16:1), 눔바(골 4:15)

5. 오늘의 시대 상황

1) 오늘의 시대 상황

오늘 우리가 살고 있는 이 시대를 생각해봅니다.

아모스 선지자가 활동한 웃시야, 여로보암 2세 왕의 때는 정치적으로 안정되고 경제적으로 부강하였답니다.

드보라 선지자가 사사가 될 때는 죄악이 가득 차서 하나님의 징계를 받아 가나안 왕을 20년 동안 섬기는 때였습니다.

오늘 우리 사회의 상황과 같지 않습니까? 경제가 부흥하고, 반면에 죄악이 가득 차고, 언제 어느 때 하나님의 징계와 심판이 내려와도 놀라운 일이 아닌 때가 되었습니다.

2) 상고할 말씀

이러한 때에 우리가 상고해야 될 말씀들을 살펴봅니다.

(1) 암 8:11, "말씀을 듣지 못한 기갈"

폭우가 쏟아 져서 홍수가 나면 온통 물바다가 됩니다, 그러나 정작 마실 물은 없습니다.

(2) 마 23:3, "저희의 말하는 바는 행하고 지키되 저희의 하는 행위는 본받지 말라."

그래도 우리가 들어야 될 말이 조금이라도 있으니 천만다행이지요.

(3) 마 11:17, "피리를 불어도 춤추지 않고 애곡하여도 가슴을 치지 않는"

잔잔한 호수에 돌멩이를 하나 던지면 물결이 퍼져나가지만, 그것을 진흙 개펄에 던지면 그냥 쏙 들어가고 맙니다.

(4) 겔 14:20, "비록 노아 다니엘 욥이 거기 있을지라도 나의 삶을 두고 맹세하노니"

제발 이런 상황까지는 가지 않기를 원합니다.

제7장 바울과 바나바

1. 바나바는 누구인가

1) 권위자

구브로(키프러스 섬)에서 출생한 레위족

본명은 요셉인데 사도들이 바나바(권위자)라고 부름

밭을 팔아 교회에 헌금함.

행 4:36-37, "그가 밭이 있으매 팔아 값을 가지고 사도들의 발 앞에 두니라."

▶ 권위자 : 위로하는 사람.

2) 마가의 외삼촌

마가 요한의 외삼촌임

골 4:10, "바나바의 생질 마가와"

▶ 생질 : 누이의 아들

3) 초대 교회의 지도자

바울이 회심한 것을 사도들에게 증거함(행 9:27).

안디옥 교회 지도자로 파송함(행 11:22).

2. 바울과 바나바의 관계

1) 예루살렘에 온 바울을 사도들에게 소개함(행 9:27)

바울이 다메섹으로 가는 길에서 강력한 빛으로 오신 예수님을 뵙고 회심하고(행 9:1-21), 즉시로 아라비아로 가서 3년을 지내고(갈 1:17-18), 다시 다메섹으로 갔다가(행 9:22-25), 예루살렘으로 왔을 때 바울을 사도들에게 소개 하며 그의 회심을 증거 하였습니다.

2) 다소에 칩거 중인 바울을 안디옥 교회로 데리고 감(행 11:25-26)

예루살렘에서 고향 다소로 쫓겨나서(행 9:29-30), 7-8년 동안 칩거하며 수리아와 길리기아에서 개인적으로 복음을 전하는(갈 1:21-24), 바울을 안디옥 교회로 데려가서 1년간 동역합니다.

3) 흉년이 든 예루살렘에 부조하러 같이 감(행 11:27-30, 행 12:25)

안디옥 교회가 마련한 구제 헌금을 흉년이 들어 고통 받는 예루살렘 교회에 전달하기 위하여 둘이 같이 갑니다.

4) 제1차 전도 여행 때 동행

행 13: 2-4, "두 사람이 성령의 보내심을 받아 실루기아에 내려가 거기서 배타고"

도중에 버가에서 마가 요한이 예루살렘으로 돌아감(행 13:13).

5) 예루살렘 사도회의에 파견함

행 15:1-3, "바울과 바나바를 예루살렘에 있는 사도와 장로들에게 보내기로"

안디옥 교회에 할례를 받아야 구원 받는다는 이단 사상이 퍼져, 이 문제의 해결책을 얻기 위해 두 사람을 "예루살렘 사도회의"에 파견함.

이때는 사도 바울이 다메섹 회심 후 14년이 된 때입니다(갈 2:1).

☑ 참고 : 마라나타 2. 373-374. 예루살렘 사도회의.

6) 두 사람이 다툼

행 15: 36-41, "서로 심히 다투어 피차 갈라서니"

제2차 전도여행을 떠나기 위해 준비하는 과정에 마가를 데리고 가느냐 마느냐 하는 문제로 둘이 심히 다투고 결국은 둘로 나뉘었습니다.

바나바는 마가를 데리고 구브로로 가고, 바울은 실라를 데리고 수리아와 길리기아 쪽으로 갑니다.

7) 다시 안디옥에서 만남

갈 2:11-13, "바나바도 저희의 외식에 유혹되었느니라."

베드로 사도가 안디옥을 방문한 시기는 사도 바울이 제2차 전도여행을 마치고 안디옥에 돌아와서 제3차 전도여행을 준비하는 시기입니다.

바나바는 인간적인 측면에서 보면 참 너그럽고 사랑이 풍부한 좋은 인품을 가졌습니다.

그러나 하나님 말씀에 대해 단호함이 부족한 큰 아쉬움이 있습니다.

☑ 참고 : 마라나타 2. 372-373. 바울이 베드로를 면책한 때.

3. 다툼

어떠한 경우라도 싸우는 것은 좋지 못한 것이 분명합니다.

그러면 두 사람이 믿음이 없어서 싸웠습니까?

결코 그렇지 않습니다. 바울에게 있어서 바나바는 참으로 중요한 역할을 해준 사람입니다. 그럼에도 불구하고 둘은 싸웠습니다.

원인은 진리 문제는 아니고, 사역 방침(교회 운영 방침)의 차이입니다. 바울은 마가를 데리고 가는 것이 하나님의 구원 사역에 방해가 될 것으로 보았고, 바나바는 이전 일은 용서하자는 마음이었던 것으로 봅니다.

모든 것이 합력하여 선을 이루시는 하나님께서 이런 일을 계기로 선교단을 두 팀으로 만드신 것으로 봅니다.

오늘날 교단이 많이 생기는 이유 중에 하나가 이런 문제일 것입니다. 그래서 교단 마다 특정되는 교리를 확실하게 명문화 하는 것이 좋다고 생각됩니다.

진리 문제가 서로 대립 되면 차라리 갈라서는 것이 낫다고 봅니다. 그래서 청년들이 결혼을 할 때도 믿는 사람끼리 해야 되는 것입니다.

믿지 않는 자와 멍에를 같이 하지 말라(고후 6:14)는 말씀도 있고, 불신자가 결혼 후에 신자가 되는데 20년 정도 걸린답니다, 끝까지 믿지 않는 사람도 물론 있고, 그 긴 세월을 참고 이겨낼 수 있겠습니까?

4. 마가는 누구인가

바나바의 누이의 아들(생질).

마가의 모친은 마리아(행 12:12).

자기 집의 다락방을 사도들에게 제공함(눅 22:12; 막 14:15; 행 1:13).

예수님을 버리고 벗은 몸으로 도망감(막 14:51-52).

제1차 전도여행 때 중도에서 탈락함.

사도들에게 유익한 자가 됨(골 4:10-11; 딤후 4:11; 벧전 5:13).

골로새 교회에서 사역한 것으로 보임(참고 : 골 4:10).

마가복음을 씀(예수님께서 하신 말씀보다는 행적에 초점을 둠).

☑ 참고 : 마라나타 2. 405-407. 사복음서의 기록 연대.

   - in Jesus Christ. 93-99. 4복음서의 기록 순서.

5. 배은망덕

바울의 입장에서 보면 바나바는 은인이라 해도 과언이 아닐 것입니다, 또한 베드로는 신앙의 대선배입니다.

그런데 바울은 바나바와 싸우고, 베드로를 책망하였습니다. 바울의 행위가 배은망덕이 아닌지 살펴보려합니다.

1) 바나바는 은인

(1) 신원 보증자

바울이 다메섹에서 회심하고, 아라비아 3년 수행하고, 다메섹에서 도망쳐서, 예루살렘에 갔을 때 제자들은 아무도 그를 상대하려고 하지 않았습니다.

그런 그를 바나바가 제자들에게 소개하고 그가 어떻게 회심하였는지 설명하여, 다시 말하면 그의 신원보증을 서준 것입니다.

(2) 사역 길을 열어 줌

바울이 예루살렘에서 고향 다소로 쫓겨나 7-8년 칩거 상태에 있을 때, 안디옥에 있던 바나바가 다소까지 와서 안디옥으로 데리고 가서 같이 동역하게 하였습니다.

(3) 제1차 전도여행 동행

바울의 공식적인 전도여행 첫 출발을 바나바가 함께하였습니다. 이로부터 바울은 본격적으로 전도 사역을 하게 됩니다.

(4) 이런 은인인 바나바에게 바울은 대들고 결국은 갈라섰습니다.

2) 베드로는 대선배

베드로 사도는 예수님의 12 제자 중에서도 으뜸가는 수제자입니다.

예수님을 3년간 따르며 배우고 전도하였습니다. 반면 이때 바울은 바리새파 문하생이었고, 같은 예루살렘 하늘 아래 살면서도 예수님도 몰랐습니다.

그 후 바울은 예수 믿는 자들을 괴롭히고 죽이는 일을 했습니다. 베드로는 초대 교회의 대들보 같은 큰 지도자입니다.

그런데 바울이 베드로 사도를 여러 사람이 보는 앞에서 공개적으로 책망합니다, 한마디로 개망신을 준 것이지요.

☑ 참고 : 마라나타2. 372-373. 바울이 베드로를 면책한 때.

3) 바울이 배은망덕한 것 아닌가?

인간적인 측면에서 보면 참 괘씸한 일입니다.

그러나 이일을 성경의 입장에서 살펴보겠습니다.

(1) 바나바와 다툰 원인 : 실패 했던 전력이 있고, 아직 회개하고 돌이킨 점이 보이지 않는 마가를 데리고 가는 것이 전도여행에 손해가 될 것으로 판단했기 때문입니다.

하나님의 구원 사역에 손해가 날 것으로 생각한 것이지요.

(2) 베드로를 책망한 이유 : 베드로의 위선적인 행동이 "이신득구" 진리를 무너뜨리는 것이기 때문에 그렇게 심하게 책망한 것입니다.

4) 이런 일은 우리에게도 일어나야 한다

(1) 불의를 보고도 가만히 있어야 되는가?

필자는 이 명제를 자주 나 자신에게 물어봅니다.

그러나 용기가 없고, 이런 저런 형편 보다가 미루고 또 말해봐야 코들썩도 않고 그래서 결국은 포기하고 맙니다.

그래서 사실은 출 20:23에 "나를 비겨서"가 사라진 것을 오래 전에 알았는데, 필자도 중요성을 깨닫지 못하기도 했었고, 또 미루다가 한참 뒤에서야 책에 실은 것입니다.

잠잠하고 있다가 돌들이 소리 지를까(눅 19:40) 염려됩니다.

(2) 하나님 일이기에 참아야

우리가 신앙생활 교회생활 하다보면 일하고 욕먹는 일이 많이 생깁
니다.

인간적인 감정으로는 되받아 치고 싶고, 앙갚음 하고 싶고, 때려 주고
싶고, 절교하고 싶지만 교회 일이고 하나님 일이기에 참아야합니다.

제3부
새 하늘과 새 땅

제1장 성령 강림절과 오순절

1. 성령 강림절

어학 사전의 설명을 봅니다.

▶ **성령 강림절** : 성령이 강림한 것을 기념하는 축일, 부활절로부터 50일째 되는 일요일이다.

▶ **부활절** : 그리스도의 부활을 기념하는 날, 춘분 후 첫 만월직후의 일요일로 한다.

성령 강림절이나 부활절은 신약 시대에 새로 생긴 기념일입니다.

2. 오순절

1) 행 2:1의 오순절

반면에 초대 교회 시대의 오순절은 구약의 맥추절(칠칠절. 초실절)에서 유래한 유대인의 절기입니다.

행 2:1, "오순절 날이 이미 이르매"

행 20:16, "오순절 안에 예루살렘에 이르려고 급히"

고전 16:8, "내가 오순절까지 에베소에 유하려 함은"

2) 행 2:1의 오순절을 맥추절에서 유래한 절기로 보는 이유

▶ 절 : 기념하는 날(어떤 날로부터 1년 뒤에 그날을 기념함).

"그때에 경건한 유대인이 천하 각국으로부터 와서 예루살렘에 우거하더니"(행 2:5)

다른 나라에 사는 유대인들까지 전통을 따라 오순절을 지키려고 예루살렘에 모인 것입니다.

3. 두 기념일은 유사한 점은 있지만 같은 절기는 아니다

어떤 날로부터 50일이 되는 날을 기념하는 것은 같지만 두 날의 의미는 다릅니다.

1) 성령 강림절 : 예수님께서 십자가에 죽으시고 3일 만에 부활하셨는데 그 날이 주일입니다.

부활하시고 40일 간 이 세상에 계시다가 승천하셨습니다.

예수님께서 부활하신 날을 기념하는 날이 부활절입니다.

부활절로부터 50일 되는 날을 성령 강림절로 지키는 것입니다.

2) 오순절 : 곡식을 거둘 때에 첫 이삭 한 단을 안식일 이튿날 요제로 하나님께 드리고, 그 날로부터 50일 되는 날(칠 안식일을 지난 이튿날)

에 하나님께 제사를 드린 맥추절에서 유래한 유대인의 절기입니다.

4. 초대 교회 때 오순절은 언제인가?

1) 결론부터 말하면 "그 날을 확정짓지 못 한다"

저희(행 2:4 제자들과, 행2:5 많은 사람들이)가, 오순절 날 아침에(행 2:15 제3시), 한 곳(행 1:4 예루살렘의 마가의 다락방)에 모여 있을 때 보혜사 성령님(요 14:16)이 오셨습니다.

그런데 이 오순절 날이 언제인지 확정짓지 못하는 것입니다.

왜냐하면 곡식 첫 단을 드린 "안식일 이튿날"이 언제인지 확정짓지 못하기 때문입니다.

이 날을 유월절 날로 보거나, 유월절 다음 날로 보거나, 무교절 다음 날로 보거나, 유월절과 무교절 기간 중에 있는 안식일의 다음 날로 보거나, 유월절과 무교절 기간이 지난 후 첫 안식일의 다음 날로 보아야 한다는 등 여러 가지 해석이 있기 때문입니다.

2) 필자의 견해

(1) 예수님 당시의 오순절 날

필자는 위의 5가지 해석 중에서 "안식일 이튿날"을 "유월절과 무교절 기간이 지난 후 첫 안식일의 다음날"로 보는 것이 가장 타당하다고 생각합니다.

왜냐하면 "안식일 이튿날"은 "일을 할 수 있는 날"이며, 실제로 추수를 시작하여 곡식 첫 단을 거두는 날이어야 합니다.

신 16:9-10, "곡식에 낫을 대는 첫날부터 칠 주를 계수하여 칠칠절을 지키되"

유월절과 무교절 기간 중에는 본격적인 일(생업)을 시작하기는 어려울 것으로 봅니다.

이렇게 보면 예수님 당시의 안식일 이튿날은 예수님께서 부활하신 날이 아니고, 유월절과 무교절이 지난 후 첫 안식일 다음날 즉, 부활하시고 8일째 되는 주일이 됩니다.

따라서 그때 당시의 오순절은 예수님 부활 하신 날로부터 57일째 되는 날이 되고, 승천하신 날로부터는 18일째 되는 날이 됩니다.

(2) 위와 같이 판단한 근거

실제로 칠칠절을 지킨 기록은 성경에 단 1회입니다.

대하 8:13, "일 년의 세 절기 무교절과 칠칠절과 초막절에 드렸더라."

세세한 실행 기록이 없습니다.

칠칠절을 지키기 위해서는 곡식 첫 단을 "안식일 다음날"에 드리는 일이 선행 되어야 합니다.

그로부터 50일 되는 날이 칠칠절이니까요.

그런데 유월절 그리고 무교절 7일을 지킨 기록은 여러 번 있으나, 그 기간 중에 곡식 첫 단을 드린 기록은 전혀 없습니다.

① 가나안에서 농사를 시작하기 전

민 9:1-14, "정월 십사일 저녁 해질 때에 시내광야에서 유월절을 지켰으되"

수 5:10-11, "여리고 평지에서 유월절을 지켰고, 유월절 이튿날에 그 땅 소산을 먹되 그날에 무교병과 볶은 곡식을 먹었더니"

② 가나안에서 농사를 시작한 후

대하 35:1-19, "요시야가 예루살렘 여호와 앞에서, 유월절을 지키고 연하여 무교절을 칠 일 동안 지켰으니"

스 6:19-22, "유월절을 지키되, 칠 일 동안 무교절을 지켰으니"

3) 오순절이라서 성령님이 오신 것이 아니다

성령님이 오셨는데 그 날이 오순절 날이었던 것이고 제자들이 한 곳에 모였을 때인 것입니다.

누가가 사도행전에 오순절 날이나 한 곳에 대하여 기록한 이유는 성령님께서 오신 때와 장소를 나타내려고 기술한 것이지 그 날이 중요해서가 아닙니다.

우리는 이제라도 오순절이라서 성령님이 오셨다고 생각하는 의식을 버립시다.

☑ 참고 : in Jesus Christ. 103-108. 오순절.

4) 행 2:1 보혜사 성령님이 오신 날

행 2:1-42에서는 보혜사 성령님께서 오신 날의 상황을 자세하게 설명하고 있습니다.

(1) 보혜사 성령님.

요 14:16, "그가 또 다른 보혜사를 너희에게 주사"

예수님께서 승천 하셔서 보내시는 성령님입니다.

요 16:7, "내가 떠나가지 아니하면 보혜사가 너희에게로 오시지 아니할 것이요."

이 성령님은 영원토록 우리와 함께하십니다.

요 14:16, "영원토록 너희와 함께 있게 하시리니"

(2) 성령님이 오신 때

행 1:5, "너희는 몇 날이 못 되어 성령으로 세례를 받으리라."

예수님께서 승천하시면서 제자들에게 남기신 말씀입니다.

행 2:1, "오순절 날이 이미 이르매"

때는 오순절 날 아침 아홉시입니다.

행 2:15, "때가 제삼시니"

(3) 성령님이 오신 장소

눅 24:49, "너희는 위로부터 능력을 입히울 때까지 이 성에 유하라."

행 1:4, "예루살렘을 떠나지 말고"

행 2:1, "저희가 다 한 곳에 모였더니"

행 2:2, "저희 앉은 온 집에 가득하더니"

장소는 예루살렘의 마가의 다락방입니다.

행 1:13, "들어가 저희 유하는 다락에 올라가니"

눅 22:12, "저가 자리를 베푼 큰 다락방을 보이리니 거기서 예비하라."

(4) 오순절이라서 성령님이 오신 것이 아닌 증거

① 이때의 오순절은 맥추절에서 유래한 유대인의 절기입니다.

행 2:5, "그때에 경건한 유대인이 천하 각국으로부터 와서"

이들이 성령 강림을 기다리려고 모인 것이 아닙니다.

이들은 그들의 전통에 따라 오순절을 지키려고 예루살렘에 모인 것입니다.

② 예수님께서는 몇 날이 못 되어서 성령님이 오실 것이라 약속하셨습니다.

오순절 날에 성령님이 오실 것으로 약속하신 것이 아닙니다.

③ 제자들도 성령님이 오실 것을 알고 모인 것이 아닙니다.

그들이 유하는 다락에 모여 있었을 뿐입니다.

제2장 숙제 일곱 문제

독자 성도님들께 숙제를 드립니다.

필자가 다 풀지 못한 아래 주제를 함께 풀어봅시다.

1. 120규빗

1) 현관의 높이가 120규빗

대하 3:4, "그 전 앞 낭실의, 고가 일백이십 규빗이니"

솔로몬 왕이 지은 성전의 낭실(현관)의 높이가 120규빗이라는 유일한 높이의 기록입니다.

성전의 규모 : 넓이 20규빗, 길이 60규빗, 높이 30규빗.

낭실의 규모 : 넓이 10규빗, 길이 10규빗, 높이 120규빗.

본 건물인 성전의 높이는 30규빗인데, 그 건물의 현관인 낭실의 높이는 120규빗입니다.

1규빗이 45.6cm이니까 120규빗은 54.72m입니다.

아파트 한 층이 2.6-2.7m이니까 54.72m는 20층 높이입니다.

본 건물인 성전의 높이는 30규빗으로 13.68m이므로 5층 높이입니다. 건물의 현관이 본 건물보다 4배나 높습니다.

2) 사본을 확인해보아야

이 문제는 번역본들의 문제가 아니고 사본 차원의 문제 같습니다.

필자는 성전의 다락방 한 층의 높이와 같은 5규빗으로 추정합니다.

5규빗은 2.25m로 아파트 내부의 높이와 같습니다.

2. 혼이 있는가

천사와 동물에게도 혼이 있는가? 없는가?

in Jesus Christ의 천사, 사람, 동물에서 다룬 내용입니다(62-67쪽).

3. 나를 비겨서를 제자리에 돌려 놓읍시다

출 20:23, "너희는 나를 비겨서 은으로 신상이나 금으로 신상을 너희를 위하여 만들지 말고"

"나를 비겨서"가 없으면 이 구절 한 절이 없는 것과 같습니다.

우리말 성경 한글개역과 개역개정 외에는 나를 비겨서가 없습니다.

"나를 비겨서"를 출 20:23에 도로 갖다 놓읍시다.

4. 수심 32.4m

모세와 이스라엘 민족이 출애굽 때 육지처럼 건넌 홍해는 아카바만 홍해입니다.

그 지점은 현재 지명 누웨이바 앞 바다입니다.

홍해 바다는 수심 1,000m가 넘는데 이곳의 수심은 32.4m입니다.

홍해 바닷길의 길이는 15km, 폭은 1.6km이며, 그리고 수심은 32.4m입니다.

그래서 필자는 "홍해 바닷길은 한강보다 넓다"고 하는 것입니다.

필자가 성경과 다른 것들이 현지답사를 통해 밝힌 자료를 가지고 추
정한 것입니다.

어느 분이 누웨이바 앞 바다의 수심을 측정해 보시겠습니까?

5. 사도신경 -〉 신앙고백

사도신경을 신앙고백으로 바꾸고 내용도 성경에 맞게 바꿉시다.

천지를 만드신 -〉 천지를 창조하신

동정녀 마리아에게 -〉 처녀 마리아에게

본디오 빌라도에게 -〉 헤롯과 빌라도에게

거룩한 공회와 -〉 거룩한 교회와

성도가 서로 교통하는 -〉 성도가 서로 교제하는

6. 찬송가 가사 한 소절

찬송가 211장(통 346)의 1절 둘째 단

막달라 마리아 -〉 베다니 마리아

예수님께 향유를 헌신한 사람은 "베다니 마리아"와 "죄인 여자"입니
다.

7. 방주와 예정

1) 하나님께서 예정하신 자만 구원 받는 것이니까 방주를 만들기 전
에 하나님께서 방주 승선 인원을 노아의 8식구로 미리 정하신 것이라고

해석해도 되는 것인가?

  2) 결과를 놓고 보면 노아의 8식구만 구원 받는 것인데, 왜 노아는 의를 전파하고, 왜 하나님께서는 오래 참고 기다리셨는가?

  3) 방주에 타지 않고 물로 죽은 사람들 중에는 구원 받은 사람이 없는 것인가?

  4) 방주로 구원 받은 것과 예수님을 믿어 구원 받는 것이 같은 것인가?

제3장 성경구절 이해하기

1. 출 1:14의 '벽돌 굽기'는 '벽돌 만들기'

1) 먼저 벽돌에 대해 알아봅니다.

벽돌은 흙에 물을 부어 반죽을 한 것을, 틀에 넣어 직육면체로 만들고, 그것을 자연 건조 시키거나, 불가마에서 구워낸, 건축 자재로 건물의 벽이나 성벽을 쌓는데 쓰였습니다.

▶ **적벽돌** : 가마에 구워낸 것, 크기는 작고 아주 단단함.

▶ **흙벽돌** : 자연 건조 시킨 것, 크고 주로 한옥의 벽체에 사용함.

이외에 시멘트와 모래를 섞어 만드는 시멘트 벽돌과 블록이 있습니다.

1) 적벽돌

창 11:3, "벽돌을 만들어 견고히 굽자."

바벨탑 쌓기에 사용된 벽돌은 가마에서 구워낸 적벽돌입니다.

그 옛날에 벌써 벽돌 굽는 기술이 있었습니다.

나 3:14, "흙을 밟아 벽돌 가마를 수리하라."

벽돌 굽는 가마를 수리해서 적벽돌을 많이 만들어 성벽을 튼튼히 세우라는 말씀입니다.

2) 흙벽돌

출 1:14, "흙 이기기와 벽돌 굽기와"

출애굽 전에 바로의 학대를 받을 때 이스라엘 민족이 비돔과 라암셋을 건축할 때 벽돌을 만들어 사용하였습니다.

이때 사용된 벽돌은 흙벽돌입니다.

그렇게 보는 이유는 벽돌 재료에 짚이 사용되었기 때문입니다.

출 5:7, "벽돌 소용의 짚을 전과 같이 주지 말고"

사흘 길쯤 광야로 가서 하나님께 희생을 드리겠다는 이스라엘에게 바로는 벽돌 만드는데 필요한 짚을 주지 말라고 합니다.

필자 어린 시절에 어른들이 흙벽돌 만드시는 것을 보았습니다.

짚을 작두로 소여물 썰 듯이 잘게 썰어서 황토 흙 반죽하는데 넣었습니다. 짚을 넣는 이유는 벽돌이 갈라지는 것을 방지하기 위함입니다.

3) 출 1:14의 벽돌 굽기는 벽돌 만들기

짚을 넣은 흙벽돌은 가마로 구워낼 수가 없습니다.

가마 안의 수천 도의 열에 짚이 타고 벽돌은 부서지겠지요.

그래서 출 1:14의 "벽돌 굽기"는 "벽돌 만들기"로 이해해야 합니다.

2. 행 7:14의 "일흔 다섯 사람"은 "약 일흔 다섯 사람"

애굽으로 이주한 이스라엘 민족의 수, 66, 70, 75는 참 여러 차례 설명하였습니다.

66, 70은 야곱의 혈속이고, 75는 요셉이 초청한 요셉의 친족입니다.

▶ 혈속 : 대를 이어가는 살붙이. 쉽게 말해 귀여운 내 새끼, 금쪽같은 내 새끼입니다.

▶ 친족 : 혈연과 혼인으로 맺어진 사람, 혈속 더하기 결혼으로 생긴 가족입니다.

행 7:14, "요셉이 보내어 그 부친 야곱과 온 친족 일흔다섯 사람을 청하였더니"

▶ 혼인으로 맺어진 가족 : 아내, 며느리, 손자며느리, 사위

문제는 아내, 며느리의 수가 명확하지 않습니다.

▶ 야곱의 아내 : 0 ~ 2(가나안 땅에서 죽은 레아와 라헬은 제외 함)

▶ 며느리 : 0 ~ 10(원래 12인데 그 중에서 요셉과 유다의 처는 제외 함).

손자며느리 : 0 ~ 2

▶ 합계 : 0 ~ 14

여기에 야곱과 혈속 66명을 더합니다.

1 + 66 + 0 ~ 14 = 67 ~ 81 =〉 약 75

그래서 행 7:14의 "75인"은 "약 75인"으로 이해해야 합니다.

상술과 약술 개념으로 보면 70은 상술 75는 약술입니다.

3. 글자 하나가 중요하다

행 1:8, "예루살렘과 온 유대와 사마리아와 땅 끝까지 이르러 내 증인이 되리라."

"사마리아와"에서 '와'자가 있고, 없고의 정도에 따라 뜻이 크게 달라집니다.

▶ '와'자가 없으면 : 이스라엘 국내의 모든 곳이 됩니다.

▶ '와'자가 있으면 : 이스라엘과 세상 모든 나라가 됩니다.

성경 읽고 해석할 때 한 글자, 토씨 하나도 빼지 말아야 됩니다.

4. 끊어 읽어야

1) 예수님도 끊어 읽으셨다

눅 4:17-19, "주의 은혜의 해를 전파하게 하려 하심이라."

예수님은 사 61:1-2에서 2절의 상반절 여호와의 은혜의 해까지만 읽으신 것입니다.

▶ 사 61:2 상반절 : 예수님 초림에 대한 말씀

▶ 사 61:2 하반절 : 예수님 재림에 대한 말씀

2) 창 6:13-21은 13-16, 17-21 두 문장으로 나누어 읽어야

▶ 창 6:13-16 : 방주를 만들어라.

▶ 창 6:17-21 : 방주에 들어가라.

(1) 한 문장으로 읽으면

▶ 창 6:13-21 : 방주를 만들어서(너희 8식구만) 들어가라.

세 아들이 결혼 한 후에 방주 제작 지시를 하신 것이 되고, 또한 방주를 짓기도 전에 노아의 8식구만 들어가라고 하신 것이 됩니다.

(2) 두 문장으로 나누어 읽으면

방주 제작 지시는 세 아들이 태어난 후에 하신 것이 되고, 이는 결혼 전일 수도 있고 결혼 후일 수도 있습니다.

방주에 들어가라는 지시는 방주가 완성된 때 하신 것이므로 사전에 승선자를 제한하지 않으신 것이 됩니다.

3) 롬 11:25-27은 25-26 상반절, 26 하반절-27 두 문장으로 나누어 읽어야

(1) **롬 11:25-26 상(구원을 얻으리라)** : 구약 시대에 이스라엘에게만 허락된 복음이 신약 시대에 이방으로 나가서 전 세계 사람이 다 구원을 받게 된다.

(2) **롬 11:26 하(기록된바)-27** : 다시 이스라엘을 복음화 시키신다.

이 구절은 사 59:20-21, 27:9를 인용한 것인데 신약 시대에 복음이 중단된 이스라엘을 마지막 때에 다시 복음화 시킨다는 말씀 입니다.

(3) **롬 11:25-27** : 본문을 한 문장으로 읽으면 위와 같은 뜻을 분간하기 어렵습니다.

5. 유일한 로마시간 표기

신약 성경에는 시간 표시가 여러 번 있습니다. 모두 유대 시간이고 유일하게 로마시간표시가 하나 있습니다.

요 19:14, "때는 제육시라."

이 제육시는 아침 여섯시를 말합니다. 이를 로마시간으로 보아야하는 이유는 이것입니다.

빌라도는 로마에서 파견된 로마 관리 입니다.

또한 예수님께 십자가 사형 언도를 한 것은 로마법에 의한 판결 입니다. 그래서 그 판결 시간을 로마시간으로 표기한 것입니다.

6. 하루의 시작은 저녁 해질 때

우리나라의 하루의 시작은 밤 12시이지만 성경(이스라엘)의 하루의 시작은 저녁 해질 때 입니다.

레 23:32, "이달 구일 저녁 곧 그 저녁부터 이튿날 저녁까지 안식을 지키라."

7월 10일 속죄일 규례에서 하루의 개념이 명확하게 정의 됩니다. 이 외에도 저녁이 하루의 시작인 것을 나타내는 말씀이 많이 있습니다.

1월 14일 유월절 낮에 양을 잡고, 저녁에 불에 구운 양고기와 무교병을 먹습니다. 그리고 무교절이 15일부터 21일까지 이어집니다. 유월절날 저녁은 사실상 무교절의 첫 날이 시작되는 것입니다. 이스라엘이 출애굽 한 시간도 15일의 밤이었습니다.

예수님께서 유월절 저녁을 드신 시간도 사실상 15일이고, 겟세마네에서 기도하신 시간도, 군병들에게 잡히신 시간도, 재판을 받으신 시간도 다 15일 밤 입니다.

그리고 15일 낮(금요일, 안식일 전날)에 십자가를 지시고 장사되신 것입니다.

7. 숨을 내쉬며

요 20:22, "저희를 향하사 숨을 내쉬며"

제자들 앞에서 예수님께서 숨을 쉬시는 것을 그들에게 보여주신 것입니다.

예수님의 숨에서 성령이 나오는 것이 아닙니다. 부활체이신 예수님도 우리들과 똑 같이 숨을 쉰다는 것을 보여주시는 것입니다.

왜? 제자들이 예수님께서 부활하신 것을 믿지 못하고 또 영으로 생각하고(눅 24:37) 있으니까요. 그래서 여러 가지로 부활 하신 것을 나타내 주시는 것입니다.

손과 발을 보이심(눅 24:40).

손과 옆구리를 보이심(요 20:20).

숨을 내쉬심(요 20:22).

생선을 잡수심(눅 24:42-43).

도마의 손가락을 예수님 옆구리에 넣게 하심(요 20:27).

제4장 출애굽 경로의 핵심은 국경선

출애굽의 핵심은 애굽 국경선 밖으로 나가는 것이고, 광야 생활의 핵심은 가나안 지경 안으로 들어가지 않는 것입니다.

실제로 광야 40년 동안 2차례의 정탐 활동 외에는 아무도 이스라엘 국경선 안쪽 가나안 지역으로 들어간 사례가 없습니다.

필자도 동풍이 밤새도록을 두세 차례에 걸쳐 쓰며 출애굽 경로를 파악하면서도 이 핵심을 깨닫지 못하다가 그 후에야 알았습니다.

1. 이스라엘 국경선

북쪽 : 유브라데 강(하수)

서쪽 : 지중해(블레셋 바다, 대해)

동쪽 : 긴네렛 호수에서 염해 그리고 홍해까지(아카바만 홍해)

남쪽 : 애굽 강(하수, 시내)

창 15:18-21; 출 23:31; 민 34:3-12; 수 15:1-12

2. 애굽의 국경선

북쪽 : 애굽 강

동쪽 : 아카바만 홍해

3. 애굽 강

이스라엘의 남부 네게브 광야와 이집트의 북부 광야 사이에 동서로 형성 되는 "와디"입니다.

▶ 와디 : 평소에는 메말라 있다가 우기 철에 물이 범람하는 곳 입니다.

국경선이라고 해서 지금같이 철조망이 쳐있고 병사들이 지키는 초소가 있는 것이 아니고, 강이나 바다 또는 산맥이 국경선을 이루고 있습니다.

애굽 강이 이스라엘과 애굽의 경계선이므로 애굽의 동쪽 국경선은 홍해가 됩니다. 홍해는 수에즈만과 아카바만 두 갈래인데 둘 중에 애굽 강과 닿는 바다는 아카바만 홍해 입니다.

4. 숙곳

1) 애굽의 숙곳

애굽 강의 중·상류 부근 남쪽 광야에 애굽과 가나안을 오가는 길과 홍해와 지중해를 오가는 길이 만나는 사거리가 숙곳 입니다.

라암셋을 출발하여 가나안 쪽으로 삼일 길을 간 후 처음 진을 친 곳입니다. 이곳은 애굽의 북쪽 국경선이며 이스라엘 남쪽 국경선인 애굽 강을 넘지 않는 지역 입니다.

2) 가나안의 숙곳

야곱이 밧단아람에서 가나안으로 돌아올 때, 얍복 나루에서 천사와 씨름하는 기도를 하였고, 그 후 에서를 만났으나 아무런 피해를 당하지 않았고, 에서와 헤어진 후 곧바로 가나안으로 가지 않고 숙곳에 이르러 집을 짓고 짐승 우리를 지은 곳 입니다.

창 33:17, "야곱은 숙곳에 이르러 자기를 위하여 집을 짓고 짐승을 위하여 우릿간을 지은 고로 그 땅 이름을 숙곳이라 부르더라."

3) 숙곳의 의미
긴 여정 중에 잠시 쉬어 갈 수 있는 곳으로, 집과 우리가 있는 곳이며, 다른 방향으로 가는 갈림길이 있는 곳으로 추정 됩니다.

5. 아카바만 홍해

모세와 이스라엘은 애굽의 동쪽 국경선인 아카바만 홍해를 건넜습니다. 그 지점은 비하히롯으로 현재 지명은 누웨이바입니다. 여의도보다 훨씬 넓은 모래사장이 있는 곳 입니다.

6. 시내산

갈 4:25, "아라비아에 있는 시내 산"
성경이 증거 합니다.

7. 우리나라의 국경선

1) 우리나라 영토
우리는 휴전선이 가로 막혀있어 남북 간에 서로 오고가도 못하지만,

북한 땅도 엄연한 우리나라 영토 입니다.

헌법 제3조 : "대한민국의 영토는 한반도와 그 부속 도서로 한다."

2) 필자의 북한 방문

필자는 북한을 한번 다녀왔습니다. 중국으로 해서 백두산을 간 것이 아니고, 육로로 금강산을 간 것도 아닙니다. 신포지구에 경수로 원전을 건설할 때 업무차 다녀왔습니다.

그때는 인천공항이 없을 때라 김포공항에서 북경으로 거기서 평양으로 또 거기서 흥남으로 그리고 버스로 신포까지 가는 길에 잠시 휴식을 하려고 차에서 내렸는데, 하늘에 참으로 많은 별들이 쏟아질 것 같았습니다. 어린 시절 고향에서 밤마다 보던 풍경이 생각났습니다. 돌아올 때는 울산까지 바지선 예인선을 타고 왔습니다.

8. 국경선의 중요성

미국과 멕시코의 국경선에 철조망과 장벽이 설치되어 있습니다. 불법 입국자를 막으려고 미국이 설치한 것입니다. 이뿐 아니고 모든 나라들은 국경선을 지키는데 힘을 쓰고 있습니다.

예로부터 우리의 땅이 분명한 독도 잘 지켜야겠습니다.

제5장 걸으며 생각하며

1. 남의 다리 긁기

다리가 가려워서 긁었는데 도데체가 시원하지 않은 것입니다. 왜 그럴까요? 남의 다리를 긁고 있었기 때문이죠.

둘이 만나서 대화를 하는데 오랜 시간 얘기를 해도 도저히 접점이 잡히지 않는 경우가 있을 것입니다.

내가 말하는 의도를 상대방이 또 상대방이 말하는 뜻을 내가 이해를 못하기 때문이지요.

다람쥐 쳇바퀴 돌 듯, 두 사람의 말이 평행선만 긋고, 영 초점이 잡히지 않는 경우가 있습니다. 본인도 답답하고 상대방도 답답하겠지요.

보통의 경우 아내들이 남편하고 말하면 벽보고 말하는 것 같다고들 하십니다. 대체적으로 남자들이 순간 판단력이 늦고, 또 자기 나름대로 가지고 있는 판단 때문인 것 같습니다.

옹고집 고집불통 뭐 이런 것들이지요. 의사불통의 최고 극치는 바벨탑 사건입니다.

조금 전까지는 말도 같고 뜻도 같아서 일사불란하게 의기양양하게 탑 쌓기를 진행하였는데, 갑자기 말이 달라지니까 도저히 같이 무슨 일을 할 수가 없어서 결국 뿔뿔이 흩어졌던 것입니다.

사도 바울과 바나바도 뜻이 맞지 않아 갈라섰던 것입니다.

2. 번뇌케 하는 안위자

동방 갑부 욥이 하루아침에 그 많은 재산 다 잃고, 열 자녀들 다 죽고, 자신도 병이 들어 오늘 내일 하고 있었습니다. 그 아내마저 하나님을 욕하고 죽으라고 합니다.

그때 친구들이 문병을 옵니다. 세상인심은 재산, 권세, 건강 잃으면 친구가 다 떨어지는 것입니다. 그런데도 친구들이 찾아 온 것입니다. 칠일 밤낮을 함께하며 욥에게 위로의 말을 합니다.

그러나 욥의 처지를 이해 못하는 그들의 위로는 전혀 도움이 못됩니다. 그래서 욥이 말하기를 "너희는 나를 번뇌케하는 위로자로구나."

필자는 생각해 봅니다. 내가 저런 상황일 때 나를 찾아 위로해줄 친구가 있는가? 반대로 내가 친구를 찾아 위로해 줄 수 있는가?

어떤 목사님 설교의 한 토막이 생각납니다.

"세상에 나를 도와줄 사람 한 명 없어도 우리에겐 딱 한분은 계신다. 그분 예수님 믿고 힘을 내자."

우리가 위로한다고 하는 말이 도리어 환란을 당한 이의 마음을 아프게 하는 경우가 있을 수 있습니다.

3. 질병의 원인

세 가지로 봅니다.

죄, 스트레스, 건강관리 잘못

죄로 인하여 질병이 오고 그로 인하여 사망에 이르는 것입니다. 스트

레스는 몸의 면역력을 떨어뜨려 질병에 걸리게 합니다. 그리고 운동이 부족하던지 식생활에 문제가 있으면 질병이 따라 올 것입니다.

▶ 참고 : 마라나타 2. 203-209. 질병

4. 필자의 성지순례

필자는 아직까지 성지순례 여행을 다녀오지 않았습니다. 코로나19가 시작되기 전에, 여전도회에서 목사님 모시고 다녀오라는 권유가 있었습니다. 별로 탐탁지는 않았지만 일단 생각해 보기로 하고 집에 왔습니다.

저녁 내내 생각하고 밤중에 깨어서 생각해 본 결과 가지말자는 결론을 냈습니다. 왜냐하면 그때 필자는 출판 자금 마련하는데 상당히 어려움을 겪고 있던 차라, 아무도 인정하지 않는 일이지만 나름대로 하나님 일인데 그 비용은 어렵게 마련하고 있는데 여행 한 번 하려고 큰 돈 들일 수 없다는 생각이 들어서 입니다.

그래서 목사님도 필자도 성지순례 여행 아직 못 갔습니다. 그 후 출애굽 경로 말씀에 꽂혀서 동풍이 밤새도록을 통해서 또 "홍해 바닷길은 한강보다 넓다"를 통해서 출애굽 경로와 홍해 바닷길의 위치와 규모를 파악했던 것입니다.

5. 백부장

복음서와 사도행전에 기록된 백부장에 대하여 살펴봅니다.

1) 이스라엘 백부장 제도의 기원

출 18:19-23, "그대에게 방침을 가르치리니, 천부장과 백부장과 오십 부장과 십부장을 삼아"

광야에서 모세가 하루 종일 백성을 재판하는 것을 본 모세의 장인 이드로가 제안한 방침 입니다.

2) 하인을 사랑한 백부장

(1) 이 사람이 유대 백부장인가?

마 8:5-13, "예수께서 가버나움에 들어가시니 한 백부장이 나아와 간구하여"

눅 7:1-10, "어떤 백부장의 사랑하는 종이 병들어 죽게 되었더니"

이 백부장은 하인을 사랑하여 예수님께 그의 중풍병을 고쳐주시길 간청한 사람입니다.

필자는 평소 신약성경의 백부장은 다 로마 백부장으로 알고 있었는데, 어느 날 유대 백부장이 있다는 말을 들었을 때 이 사람이 유대 백부장인줄 알았습니다.

왜냐하면 가버나움은 갈릴리 지역에 속해 있고, 갈릴리 지역은 분봉왕 헤롯이 통치하는 지역이기 때문입니다. 그러나 다시 확인해 보니 그렇지 않습니다, 이 사람은 로마 백부장입니다.

(2) 이 사람을 로마 백부장으로 판단하는 근거 말씀

▶ 유대인 장로들을 예수님께 보냄(눅 7:3).

▶ 유대인 장로들이 그의 신분을 증거함.

눅 7:5, "저가 우리 민족을 사랑하고 또한 우리를 위하여 회당을 지었나이다."

▶ 예수님께서 그의 신분을 증거하심.

눅 7:9, "이스라엘 중에서도 이만한 믿음은 만나 보지 못하였노라."

(3) 백부장이 직접 예수님께 나아갔는가?

마태는 백부장이 직접 예수님께 나아온 것으로 기록한 이유 : 이 사건의 큰 줄거리를 보며, 백부장이 직접 온 것이나 마찬가지로 보았기 때문입니다.

누가는 백부장이 직접 가지 않은 것으로 기록함 : 처음에 유대인 장로들을 보내고, 예수님께서 자기의 집 가까이 오셨을 때 벗들을 보내고, 자기는 가지 않은 것으로 기록하였습니다.

(4) 백부장이 예수님께 직접 가지 않은 이유

그에게는 예수님을 하나님으로 믿고, 경외하며, 말씀만 하셔도 하인의 병이 나을 줄 믿는 믿음이 있었기 때문 입니다.

또 인간적인 측면에서 생각해보면 유대인들이 이방인과의 교제를 꺼리는 현상을 생각한 처사로 볼 수도 있을 것입니다.

3) 예수님을 십자가에 못 박은 백부장

마 27:27-56, "이에 총독의 군병들이, 백부장과 및 함께 예수를 지키던 자들이"

막 15:39-46, "예수를 향하여 섰던 백부장이 그렇게 운명하심을 보고 가로되"

눅 23:47, "백부장이 그 된 일을 보고"

이 사람은 빌라도 총독의 지휘 아래 있는 로마 백부장 입니다.

빌라도가 예수님께서 운명하신 것을 백부장에게 확인 합니다.

막 15:44-45, "빌라도가, 백부장을 불러 죽은 지 오래냐 묻고"

4) 고넬료

행 10:1-22, "가이사랴에 고넬료라 하는 사람이 있으니 이달리야대라 하는 군대의 백부장이라."

이방인인 고넬료에게 성령의 역사하심을 따라 베드로 사도를 통해서 복음이 전파 됩니다.

5) 바울을 체포, 로마로 호송한 백부장

행 21:27-27:43, "군대의 천부장에게 들리매 저가 급히 군사들과 백부장들을 거느리고"

천부장의 로마 시민권(행 22:28).

행 27:1, "바울과 다른 죄수 몇 사람을 아구사도대의 백부장 율리오란 사람에게 맡기니"

6. 불로장생 = 유일

제목이 거창해 보이지요?

갓 태어난 병아리 이름 입니다.

처남이 오골계와 청계를 몇 마리 키우면서 가끔 병아리 부화도 시킵니다.

부화기에 알을 57개를 넣어 잘 지냈는데 부화 예정일 4일을 앞두고 기계가 고장이 났답니다.

부화기 내의 온도가 100도까지 올라갔답니다. 알을 내버릴까 하다가 21일까지 지켜보자 했답니다. 그랬더니 그 중 딱 한 마리가 알을 깨고 나온 것입니다.

그래서 처남댁이 불로장생하라는 뜻으로 이름을 지었고, 그 말을 들은 우리 부부는 유일이라고 이름을 지어줬습니다.

우리가 유일이라고 지은 이유는 옛날에 영동 심천에서 버스가 다리 아래로 추락하는 사고가 있었는데, 그때 한 분이 유일하게 사셨고 그분 이름이 *유일 씨인 것이 기억이 나서지요.

저녁이 되니 온통 개구리 노랫소리입니다, 개굴 개굴 개굴.

저 멀리서 소쩍 소쩍 소쩍새 소리도 들리고.

꼬끼오 꼬끼오 우렁찬 장닭의 외침이 새벽을 알리네요.

베드로 사도의 그 아픈 새벽.

낮이 되니 꾹꾹 꾹꾹 꾸우 꾹꾹 노아 할아버지네 방주의 통신병의 후예 비둘기가 짝 찾는 소리래요.

7. 필자와 책

1) 다시는 글을 쓰지 않으리라

필자는 소년 시절에 작은 필화 사건을 겪었습니다.

그래서 이후로는 글쓰기를 결코 안하겠다고 결심했습니다.

그 후로는 일기도 쓰지 않았습니다.

모든 지난 일들을 기억에만 의존 했습니다. 그러나 사람의 기억은 생생해도 때로는 틀린 것일 수가 있는 것입니다. 그래서 내 기억으로 말하는 것은 맞다는 고집을 가급적 하지 않으려고 합니다.

2) 다시 글을 쓰다

그랬었는데 교회에 다니기 시작하면서 예배 설교를 필기하기 시작했습니다. 언젠가부터 원고도 쓰기 시작했습니다. 몇 편의 원고를 모아 책을 냈습니다.

이제는 필기로 원고를 작성하는 것이 아니고 노트북으로 바로 바로 워드합니다.

3) 아무도 인정하지 않는데

이 원고가 책으로 나오면 8권 째입니다.

시간은 10년이 넘게 걸렸습니다. 비용은 수천 만 원 들어갔습니다. 책값으로 받은 돈이 네 분이 주신 28만원입니다. 28이라는 숫자가 또 하나 있네요.

오래 전에 자동차 번호판 국민청원에 올렸을 때 "좋아요" 하신 분이 28명입니다.

아내는 말합니다, "책 내지 마라."

필자는 대답합니다. "내용 중에 어느 한 주제라도 틀린 것이 있으면 그만 하겠다." 저의 솔직한 마음은 그만 쓰고, 그만 내고 싶습니다.

우리가 알고 있는 성경 지식 중에 틀린 것이 더 이상 발견되지 않기를 정말 바랍니다. 우리가 알고 있는 성경 지식이 틀린 것이 없는 날이 오기를 고대합니다.

제6장 빛과 소금

1. 이르지 못할 말

1) 고후 12:4 사람이 가히 이르지 못할 말이로다

사도 바울의 천국 방문 기행 보고서의 내용입니다.

그는 예루살렘에서 쫓겨나다시피 고향 다소로 가서 그곳에서 7-8년을 칩거하다시피 하며 지낸 적이 있는데, 그 기간이 끝날 즈음에 천국에 이끌려갔다 왔습니다.

"천국에 가서, 보고, 듣고, 느끼고 했는데 그 것을 인간의 말로는 다 표현할 수 없다"라고 이해합니다.

그가 천국에서 본 것은 사랑, 평화, 행복, 풍부, 선, 의, 아름다움 …

그런데 그 수준이 인간의 수준을 뛰어 넘기 때문입니다. 그래도 그렇지 살아서 천국을 다녀 온 유일무이한 사람인데 좀 더 자세히 알려 주시지 않고 … 필자만의 욕심인가요?

이번 주제는 인간의 말이 다 표현 못하는 것도 있다는데 초점을 맞추겠습니다.

2) 우리말에는

(1) 절대

필자는 '절대'라는 단어를 잘 쓰지 않고 의식적으로 쓰지 않으려고 합니다. 왜냐하면 인간사에 있어서 절대는 없다고 생각하기 때문입니다.

그래서 '절대' 대신 '결코'라는 단어를 씁니다.

(2) 창조

필자는 신앙고백문의 "천지를 만드신"을 "천지를 창조하신"으로 바꾸자고 주장합니다. 왜냐하면 '만들다'는 사람도 가능한 일이지만 '창조'는 하나님만 가능하기 때문이죠.

그런데 가만히 보면 우리말에 창조에 해당하는 말이 없는 것 같아요.

(3) 사랑

우리말로 사랑이 헬라어로는 네 가지로 구분됩니다.

아가페, 스톨게, 필리아, 에로스.

▶ 참고 : 마라나타 2. 352-354. 네 가지 사랑.

(4) 우리말에는 왜 없는 단어가 있을까

우리말이 뜻을 나타내는 뜻 말(글)이 아니고 소리를 나타내는 소리 말(글)이기 때문으로 봅니다.

우리 민족에게 비록 복음은 아주 늦게 전달되었습니다만, 우리 민족 본래의 겸손함 때문은 아닐까도 생각해봅니다.

창조나 절대 같은 경우는 사람에게 해당 되는 말이 아니기 때문이죠.

3) 단기

민족 얘기가 나온 김에 우리 민족 태동에 대해 생각해봅니다. 지금은 사용하지 않는 달력인데, 우리나라 달력에 단기가 있었습니다.

단기는 서기보다 2333년이 빠릅니다. 그래서 금년 2023년은 단기

4356년이 됩니다.

단기는 우리 민족의 시작이 BC 2333년이라고 보는 것입니다.

성경 년대를 추정해 보면, 노아의 홍수는 BC 2458 년으로 추정된답니다. 바벨탑 사건은 이보다 훨씬 뒤의 일이구요, 출애굽 년도는 BC 1446 년으로 봅니다.

노아의 홍수 후에 민족이 나뉘고, 바벨탑 사건 때 언어가 달라졌습니다. 단기의 시작이 노아의 홍수 이후입니다. 물론 단군 건국 설은 신화입니다만, 단기의 년도만은 전혀 무시할 것만은 아니라고 봅니다.

2. 작은 신발과 노트북

1) 작은 신발

필자 부부는 몇 년 전에 고급 운동화를 샀습니다.

TV 드라마 여 주인공이 광고하는 아웃도어 트레킹화입니다. 한 겨울 외에는 일년 내내 신을 수 있습니다. 우리는 걷기 운동을 많이 합니다. 매장에서 발에 딱 맞는 것으로 골라 사가지고 왔습니다.

아들딸이 어버이 날 선물로 사준 것입니다. 와서 신고 걷기를 해보니, 너무 딱 맞아 작았습니다. 그런데 왼쪽이 더 작았습니다, 발 크기가 다른 건지 신발 사이즈가 다른 건지?

뒤꿈치가 벗겨지고 발톱이 아프고, 그래서 발을 오므리고 다녔습니다. 오래 신으니까 좀 커지긴 했는데 그래도 지금도 발가락이 아픕니다. 왜 그때 교환 반품을 생각하지 못 했을까?

아내는 내가 화 낼까봐 아무 말도 못 했다네요.

2) 노트북

필자도 이젠 자판 두드리는 실력이 많이 늘었습니다.

그래도 아직 동그라미 안에 숫자 넣는 번호 만들 줄은 모릅니다. 그래서 문장 중에 (a), (가) 이런 번호가 있는 경우가 있습니다(출판사에서 교정을 하면서 (a)를 ①로 바꾸었습니다). 1.***, 2)***, (3)*** 다음 차례가 동그라미 안에 숫자 번호가 되어야 하는데 그것을 못해서 그런 것입니다. 지금까지 노트북을 서너 개 썼습니다.

그래도 내돈 내산 한 것 하나도 없습니다. 누가 주고, 누구에게 얻고, 지금 쓰는 것도 사위가 상으로 받은 것을 오래 전에 준 것입니다.

윈도우에서 업그레이드 하라고 하더니, 다음에서 6월부터는 뭐가 안 된다고 하고, 이제는 다음 들어가는데 크롬으로 해서 들어가네요. 쓸 수 있는 데까지 써 보는 거지요 뭐.

3. CT 검사

내일(5월 30일) 필자의 아내는 CT 촬영을 하게 됩니다. 2021년 12월 대장암 수술을 받고, 6개월 마다 이번이 세 번째 정기 검사입니다. 직장 바로 윗부분에서 3기 암이 발견되어 대장을 거의 다 잘라냈습니다.

보통은 음식을 먹고 변을 보기까지 하루 가까이 걸리는데, 이 사람은 불과 몇 시간이면 화장실을 가야합니다.

신장에 암이 발견 돼서 하나 떼어내고, 혈액 투석을 하는 중에 방광암을 치료하고, 세 번째 암 수술이었습니다.

가슴에 심은 포트를 통해 3일 동안 항암제를 투여하는 항암치료를

2-3주에 한 번씩 12차례 하는 것도 쉬운 일이 아니었습니다.

오직 주님만 바라봅니다.

4. 조퇴

1) 피날레 원래 원고

이 책의 맨 뒤에 있는 피날레의 첫머리 글은 원래는 이렇게 시작하였습니다.

필자는 이 책을 끝으로 출판 사역을 마치려합니다.

6월 10일 토요일 01시 30분에 잠이 깨서 워드 한 것입니다.

2) 조퇴

필자가 정년퇴직을 한지 8년째입니다.

6월 11일 주일 01시 30분 꿈을 꾸다 깨었습니다.

꿈의 배경은 옛날에 대구 사무실에 근무할 때인데, 집사람이 내려와서 한 주간 같이 지내다가 대전으로 올라가고하던 때입니다. 금요일 16시 경 조퇴를 하려고 하는데, 어려운 문제를 가지고 온 사람이 있었습니다.

마침 출장에서 돌아온 직원에게 부탁을 하고, 그분에게 인계한 사실을 설명해주는데 그분이 잘 들리지 않는다고 하며 필자의 말을 못 들은 체합니다. 이때 퇴근 시간 18시가 거의 다 되었습니다.

그때 잠이 깨었습니다.

3) 부고

6월 11일 주일 늦은 오후 부고를 들었습니다. 대전에 살 때 옆집 이웃이며 교회를 같이 다닌 사람입니다.

필자가 교회 나간 지 몇 년 안 되었을 때 그는 자동차 타이어 가게를 경영하다가 불상사를 당하여 뇌출혈이 오고 후유증으로 오른 팔과 다리가 마비되고 말도 어눌해졌습니다.

몇 년 전엔 전립선암으로 고생한다는 소식도 들었습니다. 그가 소천하신 것입니다.

4) 원고 수정

주일 저녁 피날레 원고에서 위의 문장을 삭제하였습니다. 그와 필자는 나이가 같습니다. 나라고 천년만년 살 수 있겠나? 하나님께서 쓰실 때 열심히 해야겠다.

5. 젓가락과 달란트

1) 젓가락

우리는 식사를 할 때 젓가락을 많이 사용합니다. 어떤 때는 숟가락은 전혀 쓰지 않을 경우도 있습니다.

개개인의 젓가락 사용법을 보면 세 가지로 분류됩니다. 젓가락의 꼭지가 벌어지게 하는 방법 두 가지, 젓가락 두 개를 모아 쥐는 방법 한 가지, 손가락 네 개를 사용하여, 젓가락의 꼭지가 벌어지게 하는 것이, 가장 바른 사용법으로 반찬을 집는 힘이 세고 안정적입니다.

손가락 세 개를 사용하여 젓가락의 꼭지가 벌어지게 하는 방법은 젓가락이 검지와 장지에 얹혀있는 상태가 되기 때문에 힘이 약하고 불안정한데, 필자는 이 방법을 씁니다.

필자의 아내는 원래 왼손잡이인지라 어려서부터 아버지께 혼나며 바른 사용법을 익혔답니다. 의외로 많은 사람들이 젓가락 두 개를 모아 쥐는 방법을 사용하는 것으로 보입니다.

교우 중에 걸어 다니는 백과사전이라는 별명을 가진 다방면의 지식이 풍부한 이가 있는데 그도 이 방법을 쓰고 있습니다.

오래 전에 생명과학이 한창 뉴스를 탈 때 복제 양 둘리를 탄생시킨 박사님이 우리 민족은 예로부터 젓가락을 사용해온 민족이라 현미경으로 난자를 보며 날카로운 침으로 난자의 핵을 빼내고 체세포를 넣어 생명을 복제하는 아주 세밀한 작업을 잘 할 수 있다고 하였습니다.

그 말을 들은 필자는 그렇지만 젓가락 문화가 우리 민족의 달란트(적성)는 아니다라고 하였습니다. 다만 잘 훈련된 것이지요.

2) 달란트

달란트는 다른 말로 적성입니다.

옛날에 있었던 국민교육헌장의 한 구절 "타고난 저 마다의 소질을 계발하고"의 "타고난 저 마다의 소질"입니다.

우리 큰 손자가 자기가 잘하는 것을 자랑스럽게 말하면, 막내 손자가 "그거 하나님이 주신 거잖아" 하던 달란트입니다.

그 어린 아이가 "그가 네게 재물 얻을 능을 주셨음이라"(신 8:18)는 말씀을 알았겠습니까. 유치부 선생님께 들은 말씀을 기억하고 있는 것이지요.

 필자가 교회의 중고등부 교사 시절에 학생들에게 대학을 정할 때 꼭 자신의 달란트를 고려해서 학교보다는 학과 선택에 중점을 두라고 당부를 하였습니다.

 어떤 학생은 대학을 몇 개씩 다니다 마는 경우가 있지요. 자신의 적성에 맞는 학과를 못 찾았기 때문이지요. 문제는 적성이 뚜렷하게 나타나지 않는 경우입니다.

 필자는 공학도요 기술자 출신이긴 하지만 딱 맞는 적성은 아니었습니다.

제7장 내 증인이 되리라

1. 사전적 의미

▶ 증인 : (법정에서) 자기가 듣고 본 사실을 진술하는 사람.

어떤 사실을 증명할 수 있는 사람.

보증하는 사람.

▶ 되다 : 성질이나 상태가 바뀌거나 변하다.

▶ 되리라 : "되다"의 미래형.

▶ 되라 : "되다"의 명령형.

"되다"는 "**이 된다"는 의미이므로, "되리라"는 "장차 **이 된다"는 뜻입니다.

2. 내 증인이 되리라

행 1:8, "오직 성령이 너희에게 임하시면 내 증인이 되리라 하시니라."

▶ 내 증인이 되리라 : 장차(미래에) 너희는 (보혜사 성령님을 힘입어)

나(예수님)의 증인이 된다.

▶ 예수님의 증인 : 예수님의 증인이 되는 사람은 첫째, 복음을 전하는 사람이요, 둘째, 삶 속에서 그리스도를 나타내는 사람입니다.

1) 복음을 전하는 사람

마 28:19-20, "너희는 가서 모든 족속으로 제자를 삼아"

막 16:15, "너희는 온 천하에 다니며 만민에게 복음을 전파하라."

눅 24:48, "너희는 이 모든 일의 증인이라."

요 21:15-17, "내 어린 양을 먹이라, 내 양을 치라, 내 양을 먹이라."

2) 삶 속에서 그리스도를 나타내는 사람

마 5:13-16, "너희는 세상의 소금, 너희는 세상의 빛, 저희로 너희 착한 행실을 보고"

빌 1:20, "살든지 죽든지 내 몸에서 그리스도가 존귀히 되게 하려"

고후 2:14-15; 3:3, "그리스도를 아는 냄새", "그리스도의 향기", "그리스도의 편지"

3. 보혜사 성령님을 힘입어

예수님의 증인은 내 힘, 내 사랑으로 하는 것이 아닙니다.

우리 안에 와 계시는 보혜사 성령님으로부터 능력을 받아 그 힘과 사랑으로 우리가 예수님의 증인된 삶을 살게 되는 것입니다.

행 1:8, "오직 (보혜사) 성령이 너희에게 임하시면 너희가 권능을 받고"

고전 2:4-5, "내 말과 내 전도함이, 다만 성령의 나타남과 능력으로 하여"

4. 땅 끝까지

▶ '와' : 필자가 성경의 글자 하나가 얼마나 중요한지를 설명할 때 마다

예로 드는 글자입니다.

만약에 이 '와'자가 없다면 "땅 끝까지"는 이스라엘 국내만 해당됩니다.

이 '와'자가 있기 때문에 "땅 끝까지"는 이스라엘과 지구 끝까지가 되는 것입니다.

▶ 이르러 : 사람이나 탈것이 어떤 위치에 움직여 가 닿다 즉, "사람이 가서"입니다.

예수님의 증인의 삶 두 가지 측면 중에서 '복음 전도'에 더 중점을 두는 말씀이라고 봅니다.

5. 너희

▶ 너희 : 신약 교회 당시 예수님의 사도들과 제자들 그리고 그 당시 예수님을 믿는 모든 사람으로부터 세상 끝 날까지 예수님을 믿는 모든 사람입니다.

6. 끝 날까지

마 28:19-20, "내가 세상 끝 날까지 너희와 항상 함께 있으리라."

▶ 끝 날까지 : 보혜사 성령님이 오신 때로부터 예수님 재림하시는 날까지.

7. 결론

필자는 그동안 "내 증인이 되리라"는 말씀을 '전도 명령'으로 이해하고 있었습니다. 그런데 "되리라"가 명령형이 아니므로, 이 말씀을 전도 명령으로 볼 수 없다는 견해가 있어 다시 살펴보게 되었습니다.

그 결과 위의 말씀은, 하나님의 능력과 사랑이신 보혜사 성령님을 우리에게 보내주셔서, 우리가 예수님의 증인된 삶을 살 수 있도록 하신다는 말씀으로 파악 되었습니다.

위의 말씀은 전도 명령에 그치는 것이 아니고, 하나님의 완전하신 능력과 사랑이신 보혜사 성령님을 우리에게 주시는 주님의 놀라우신 사랑의 말씀입니다.

영원히 우리 안에 계시는 성령님을 힘입어 예수님의 증인으로서의 삶, 즉 복음을 전하고 우리에게서 그리스도의 향기가 나는 삶을 살아가십시다.

▶ 참고 : in Jesus Christ. 68-71. 대위임령.

제4부
Maranatha

제1장 시기나게

1. 롬 11:25-27

▶ 롬 11:25-26 상반절 : 구약 시대 이스라엘에게만 주어진 복음이 신약 시대에 이방으로 나가서 전 세계인이 다 구원을 받게 된다.

▶ 롬 11:26 하반절-27 : 마지막 때에 이스라엘이 다시 복음화 된다.

필자는 지금까지는 롬 11:25-27을 위와 같이 해석을 하는 데까지는 도달했습니다. 그러나 뒷부분의 해석을 뒷받침할 증거 말씀을 찾지 못해 마음 한편이 무거웠습니다.

그런데 오늘 아침(5월 27일) 그 증거 말씀을 찾았습니다.

바로 "시기나게"입니다.

2. 시기나게

신약 시대에 복음이 이방으로 나가게 된 이유를 사도 바울은 이렇게 설명하고 있습니다.

롬 11:11, "구원이 이방인에게 이르러 이스라엘로 시기나게 함이니라."

롬 10:19, "백성 아닌 자로써 너희를 시기나게 하며"

▶ 시기나게 : 어린아이가 엄마를 떠나서 제 마음대로 행동하며 엄마가 불러도 오지 않을 때 그 엄마가 다른 아이를 안아주면, 그 아이가 시기가 나서 자기 엄마한테 쏜살 같이 돌아와 엄마 품에 안기는 것과 같다 (이병규 목사 강해서. 로마서 226).

3. 지금이 시기가 날 때다

이제 하나님께서 예정하신 때가 다 되었습니다.

복음이 이스라엘로 돌아갑니다.

4. 주일학교 학생도 다 알아

필자가 "시기나게"를 아내에게 말했더니 "주일학생도 다 아는 말씀을 이제 알았느냐"고 핀잔을 하네요.

예수님께서 어린아이와 같이 순진한 믿음을 가지라고 하셨는데.

기독교 대학 총장님께서 신학을 학문으로 하지 말고 성령으로 하라고 하셨는데.

오래 전에 필자의 친구가 성경을 읽기만 하면 다 이해가 된다고 했는데.

나도 이제는 어린아이와 같은 순진한 마음으로 성경을 읽어야 되겠다.

▶ 참고 : in Jesus Christ. 89-92. 이제 남은 일.
  - 홍해 바닷길은 한강보다 넓다 2. 150-153. 마태복음 24:32-33의 해석. 287-289. 로마서 11:25-27의 해석.

제2장 욥기 이해 돕기

욥기를 이해하는데 도움이 될 자료를 모아 봅니다.

1. 욥기서의 배경

1) 시대

욥이 살았던 시대는 족장시대로 봅니다.

족장 시대 : BC 2000-1800년 아브라함에서 야곱까지의 시대.

▶ 모세 5경이나 율법에 대한 언급이 없다.

▶ 제사장이 없고, 가장이 제사를 드렸다.

▶ 욥의 연령으로 보아 인간의 수명이 긴 때였다.

▶ 재산의 정도를 가축의 수로 평가하고 있다.

▶ 선지자가 없고, 하나님께서 친히 욥에게 말씀하십니다.

▶ 참고 : 이병규 목사 강해서. 욥기 8.

2) 기록 년대

욥이 쓴 것으로 봅니다.

확실한 기록 년대는 파악이 안 됩니다.

3) 장소

(1) 욥의 거주지 : 우스

우스 : 에돔(요단 동남쪽)

(2) 친구들의 거주지

▶ 엘리바스 : 데만

데만 : 에돔의 북부 지역(렘 49:7)

▶ 빌닷 : 수아

수아 : 에돔의 북쪽 유브라데 강 지역(창 25:1-2)

▶ 소발 : 나아마

나아마 : 에돔의 북서쪽(수 15:41)

▶ 엘리후 : 부스

부스 : 람 족속(창 22:20-21; 11:29)

(3) 스바 사람

스바는 아라비아 반도 남동쪽 끝 지역으로 현재의 예멘으로 추정됩니다.

솔로몬을 찾은 스바 여왕의 나라입니다(왕상 10:1-13).

(4) 갈대아 사람

갈대아는 바벨론을 말합니다.

2. 욥이 당한 환란

1) 스바 사람의 공격

스바 사람이 밭을 가는 소와 풀을 뜯는 나귀를 빼앗고 종들을 죽임(욥 1:14-15).

2) 하나님의 불이 내려옴

하나님의 불(번개나 유황불)이 내려와 양과 종을 불살라 버림(욥 1:16).

3) 갈대아 사람의 공격

갈대아 사람이 세 떼를 지어 공격하여 약대를 빼앗고 종들을 죽임(욥 1:17).

4) 대풍 피해

대풍(강풍, 돌풍, 회오리바람)이 불어와 집을 무너뜨려 만형의 집에서 식사 하던 일곱 아들과 세 딸이 모두 죽음(욥 1:18-19).

5) 이 모든 재앙이 하루 안에 일어남

욥 1:13, "하루는 욥의 자녀들이 그 만형의 집에서"

욥 1: 18-19, "그 만형의 집에서 식물을 먹으며"

6) 욥이 병이 들다

욥 2:7, "욥을 쳐서 그 발바닥에서 정수리까지 악창이 나게"

3. 욥의 악창

1) 악창

머리에서 발끝까지 악창이 나서, 여러 달이 지남.

욥 7:3, "이와 같이 내가 여러 달째 곤고를 받으니"

악창 : 피부병의 일종으로 종기가 나서 곪아 터짐.

2) 증상

▶ 가려워서 깨진 기왓장 조각으로 긁음(욥 2:8)

▶ 얼굴을 알아보기 어렵게 됨(욥 2:12)

▶ 음식을 먹지 못함(욥 3:24 상)

▶ 앓는 소리가 저절로 나옴(욥 3:24 하)

▶ 기력이 없음(욥 6:11)

▶ 잠을 자지 못함(욥 7:3-4)

▶ 종기에 구더기가 생김(욥 7:5)

▶ 숨쉬기도 어려움(욥 9:18)

▶ 눈물로 날을 보냄(욥 16 상)

▶ 눈꺼풀에 죽음의 그늘이 생김(욥 16:16 하)

▶ 피골이 상접하게 마름(욥 19:20)

▶ 심한 통증이 계속 됨(욥 30:17)

▶ 피부가 검게 변함(욥 30:30 상)

▶ 심한 열이 남(욥 30:30 하)

3) 상태

욥 1:6, "오직 그의 생명은 해하지 마라."

목숨만 간신히 붙어 있는 상태입니다.

4. 욥이 발견한 자연법칙

1) 천지 창조

하나님께서 우주와 만물을 창조하시고 그 자연을 일정한 법칙대로

운행하시고 보존하시는 것을 발견한 것입니다.

그래서 욥은 하나님을 경외한 것입니다(욥 1:1).

만물이 진화하여 이루어지는 것이 아니고, 하나님께서 창조하신 것을 알았습니다. 그런데 욥의 시대로부터 4000년이 지난 지금도 인간은 진화론을 가르치고 있습니다.

2) 땅을 공간에 다시며(욥 26:7)

우리가 살고 있는 지구가 평편하거나 고정된 것이 아니고, 둥글며 우주 공간에 떠 있는 것을 발견한 것입니다. 태양이 지구 주위를 도는 것이 아니고, 지구가 자전과 공전을 하는 것을 안 것입니다.

자전 : 지구가 자전축을 중심으로 북극에서 보면 반시계방향으로 24시간에 한 바퀴씩 돕니다.

공전 : 지구는 공전축을 중심으로 반시계방향으로 1년에 한 번 태양의 주위를 돕니다.

자전축 : 지구의 자전축은 공전축과 23.5도 기우러져 있습니다.

그래서 낮과 밤의 길이가 매일 조금씩 달라지며, 4계절이 있는 것입니다. 그런데 갈릴레이가 지동설을 주장하여 종교재판을 받은 것이 1633년입니다.

성경은 욥을 통해 BC 2000년에 지동설이 맞는다고 하셨는데, 인간들은 그로부터 3600년이 지나서도 이것을 깨닫지 못하고 있었던 것입니다.

3) 지하는 불로 뒤집는 것 같고(욥 28:5)

(1) 지하에는 마그마가 있다

지구의 땅 속 깊은 곳에 펄펄 끓는 뜨거운 마그마가 있는 것을 알았습니다.

마그마 : 땅 속에서 뜨거운 열을 받고 녹아 액체 상태로 변한 암석 물질.

마그마가 땅을 뚫고 밖으로 나오는 것이 화산입니다.

(2) 지하에는 광물이 있다

욥 28:1-4, "은은 나는 광이 있고 연단하는 금은 나는 곳이 있으며"

(3) 지하에는 또 물이 흐르고 있습니다.

창 7:11, "그날에 큰 깊음의 샘들이 터지며"

노아 홍수 때 하늘에서 비가오고, 땅속에서 물이 솟아난 것입니다. 이때 지각 변동도 일어난 것으로 봅니다.

그래서 이곳저곳의 높은 산에서 바다 생물의 화석이 발견되고 있는 것입니다.

4) 하나님께서 사람을 태어나게 하신다.

욥 31:15, "나를 태 속에 만드신 자가 그도 만들지 아니하셨느냐."

사람이 이 세상에 태어나는 것이 인간의 행위와 노력에 의한 것이 아니고, 하나님께서 만드신 것을 알았습니다.

5) 물론 욥이 가진 이 지식들이 오늘날 우리가 가진 과학으로 입증된 지식처럼 완벽한 것은 아닙니다.

그러나 그는 이러한 지식의 개념을 이해한 것은 분명합니다.

5. 욥의 신앙

1) 하나님을 경외함

욥 1:21, "주신 자도 여호와시요 취하신 자도 여호와시오니 여호와의 이름이 찬송을 받으실찌니이다."

2) 그리스도를 믿음

욥 19:25, "내가 알기에는 나의 구속자가 살아 계시니 후일에 그가 땅 위에 서실 것이라."

나의 구속자 : 예수 그리스도

욥은 장차 예수님께서 태어나셔서, 구원해 주실 것을 믿었습니다.

3) 천국과 부활을 믿음

욥 19:26, "나의 이 가죽 이것이 썩은 후에 내가 육체 밖에서 하나님 을 보리라 내가 친히 그를 보리니 내 마음이 초급하구나."

육체 밖에서 : 천국과 부활을 믿는 믿음입니다.

내 마음이 초급하구나 : 그 날을 사모하여 기다립니다.

4) 물론 욥의 신앙 지식이 신약 시대 예수님께서 오시고, 보혜사 성령 님의 역사로 깨닫는 성경 지식과 같은 수준의 것은 아닙니다만, 그의 믿음은 확실하고 강한 것입니다.

6. 피해와 회복

1) 피해 상황

양 : 7,000마리

낙타 : 3,000마리

소 : 1,000마리(500겨리)

암나귀 : 500마리

많은 종들이 죽음

열 자녀(아들 7명, 딸 3명)가 모두 죽음

2) 두 배의 회복

양과 낙타와 소와 암나귀는 처음 것의 갑절이 됨

아들 일곱과 딸 셋을 둠

7. 중요 어록

1) 사람에게는 영과 혼이 있다

욥 12:10, "생물들의 혼과 인생들의 영이 다 그의 손에 있느니라."

생물에겐 혼이 있다.

사람에겐 혼과 영이 있다.

생물들의 생명과 사람의 생명이 다 하나님께 있다.

▷ 참고 : in Jesus Christ. 삼층천과 영, 혼, 몸. 7-22. 천사, 사람, 동물. 62-67.

2) 네 시작은 미약하였으나

네 나중은 심히 창대하리라(욥 8:7).

네가 만일

하나님을 부지런히 구하고

전능하신 이에게 빌고

청결하고, 정직하면

3) 만국을 커지게도 하시고

욥 12:23-24, "만국을 커지게도 하시고 다시 멸하기도 하시며 열국으로 광대하게도 하시고 다시 사로잡히게도 하시며 만민의 두목들의 총명을 빼앗으시고 그들을 길 없는 거친 들로 유리하게 하시며"

4) 세상인심(욥 19:13-19)

사람들이 떠나감 : 형제, 아는 사람, 친척, 친구가 다 떠나감.

사람들이 멸시함 : 내 종을 불러도 대답하지 않음, 어린아이도 업신여김.

사람들이 싫어함 : 아내마저도 싫어함, 사랑하는 사람이 대적이 됨.

5) 정금같이 단련하신다

욥 23:10, "그가 나를 단련하신 후에는 내가 정금같이 나오리라."

그리고 내게 작정하신 것을 다 이루신다.

제3장 초림과 재림

예수님의 초림과 재림을 비교해 봅니다.

비고	초림	재림
안내자	세례요한	없다
목적	구원	심판
장소	베들레헴	지구 전체
그날과 그 시	세례요한의 출생과 사역이 예고가 됨	아무도 모른다 종말의 징조들
어떻게 오시는가	아기 탄생	구름을 타고 오심
나타나는 현상	믿고 구원받는 사람이 생김	부활과 휴거
후에 될 일	신약 시대	심판과 천년왕국

　필자는 예언서를 다룰 실력이 없어서 이 분야에는 특별한 관심을 두지 않고 있었습니다.

　그런데 TV 설교에서 초림 전에 세례요한이 나타났듯이, 재림 전에도 그와 같은 사람이 나타난다는 내용을 듣고 이 문제를 살펴보게 되었습니다.

　그러나 위 비교표에서 보듯이 예수님의 초림과 재림이 같은 패턴(반복)으로 이루어지는 것이 아니고 전혀 다르게 이루어집니다.

1. 세례요한

1) 출생 예언

사 40:3, "외치는 자의 소리여"

말 4:5-6, "선지 엘리야를 너희에게 보내리니"

2) 하나님께서 특별히 택하심

요 1:6, "하나님께로서 보내심을 받은 사람이 났으니 이름은 요한이라."

눅 1:5-80, "저가 또 엘리야의 심령과 능력으로 주 앞에 앞서가서"

3) 광야에서 훈련시키심

요 1:80, "이스라엘에게 나타나는 날까지 빈들에 있으니라."

4) 사역

(1) 보라 하나님의 어린 양이로다

요 1:29, "보라 세상 죄를 지고 가는 하나님의 어린양이로다."

예수님을 증거함.

(2) 회개하라

마 3:2, "회개하라 천국이 가까웠느니라."

사람들에게 회개를 촉구함.

(3) 세례

막 1:4, "회개의 세례를 전파하니"

(4) 순교

마 14:10, "사람을 보내어 요한을 옥에서 목 베어"

▶ 참고 : 마라나타 2. 210-216. 세례요한의 메시아관

　- in Jesus Christ. 123-134. 세례요한과 예수님

2. 예수님의 초림

사 7:14, "처녀가 잉태하여 아들을 낳을 것이요 그 이름을 임마누엘이라."

사 61:2, "여호와의 은혜의 해(눅 4:19 주의 은혜의 해를 전파하게)"

사 53:1-12, "연한 순 같고 마른 땅에서 나온 줄기 같아서"

미 5:2-4, "베들레헴 에브라다야 너는 유다 족속 중에 작을찌라도"

3. 예수님의 재림

사 61:2, "하나님의 신원의 날을"

마 24:32-33, "무화과나무의 비유를 배우라."

마 24:36, "그날과 그때는 아무도 모르나니"

살전 5:2, "주의 날이 밤에 도적같이 이를 줄"

4. 말 4:5의 해석

말 4:5, "보라 여호와의 크고 두려운 날이 이르기 전에 내가 선지 엘리

야를 너희에게 보내리니"

▶ 여호와의 크고 두려운 날 : 예수님의 초림과 재림을 뜻합니다.

▶ 선지 엘리야 : 세례요한을 말합니다.

1) **예수님께서** 세례요한이 선지 엘리야라고 말씀하셨습니다.

마 17:12-13, "엘리야가 이미 왔으되, 세례요한인 줄을 깨달으니라."

2) **성경이 세례요한이** 엘리야의 심령과 능력으로 사역할 것을 증거합니다.

눅 1:17, "저가 엘리야의 심령과 능력으로 주 앞에 앞서가서"

5. 재림에 대한 필자의 견해

1) **지금은 예수님 재림하실 때가 다 되었다.**

지금 이 시대가 예수님 재림하실 때가 다 된 것은 성경에 말세의 징조로 예언된 여러 가지 현상들이 나타나는 것을 보아 알 수 있습니다.

필자는 특히 마 24:32-33의 무화과나무 비유에서 이스라엘의 국권 회복, 롬 11:25-27의 신약 시대 이방의 복음 전파와 말세 이스라엘의 복음화는 결정적인 재림 징조라고 봅니다.

2) **재림 전에 세례요한 같은 사람이 나타난다는 말씀은 없다.**

그런데 어떤 특정인이 나타나서 재림 예수님의 길을 예비한다는 말씀은 없습니다.

그날과 그때는 아무도 모른다고 하셨고, 주의 날이 밤에 도적같이 이른다고 하셨습니다. 또 심판은 어느 날 갑자기 이루어지는 것입니다.

3) 모든 믿는 사람이 예수님 재림을 증거 해야 한다.

재림 예수님께서 오실 때는 세례요한 같은 안내자가 필요하지 않습니다.

신약 시대는 보혜사 성령님이 사역하시는 시대이고, 만인 제사장의 시대이기 때문입니다.

예수님을 믿는 모든 사람이 재림의 징조가 성경대로 이루어지는 것을 보고, 재림의 때가 다 된 것을 깨닫고, 그 사실을 널리 전하여야합니다.

4) 재림하시는 그 순간

(1) 성부 하나님께서 재림 시각을 결정하십니다.

마 24:36, "그날과 그때는 아무도 모르나니 하늘의 천사들도, 아들도 모르고 오직 아버지만 아시느니라."

(2) 예수님께서 공중에 강림 하십니다.

계 1:7, "볼찌어다 구름을 타고 오시리라."

살전 4:17, "구름 속으로 끌어올려 공중에서 주를 영접하게"

초림 때는 조용하게, 초라하게, 한 장소에 오셨지만, 재림 때는 전혀 다르게 오십니다.

주님의 호령과 천사장의 소리와 하나님의 나팔로 천지가 진동하며, 번개가 동에서 번쩍하여 서편까지 비춰는 것 같이 전 세계 모든 사람이 보고 듣고 알게 오십니다.

(3) 성령께서 재림을 알려 주십니다.

고전 3:16, "하나님의 성령이 너희 안에 거하시는 것을"

고전 2:10-11, "성령은 모든 것 곧 하나님의 깊은 것이라도 통달하시느니라."

우리 안에 계시는 성령께서 하나님의 재림 결정을 우리에게 알게 하십니다.

(4) 천사들이 성도들의 부활 휴거를 도와줍니다.

▶ 예수님의 강림을 수종 듭니다.

마 25:31, "인자가 자기 영광으로 모든 천사와 함께 올 때에"

▶ 성도들의 부활 휴거를 도와줍니다.

마 24:31, "천사들을 보내리니 저희가 그 택하신 자들을 하늘 이 끝에서 저 끝까지 사방에서 모으리라."

(5) 예수님 믿고 죽은 자들이 먼저 부활하여 휴거됩니다.

살전 4:16, "그리스도 안에서 죽은 자들이 먼저 일어나고"

(6) 살아있어 예수님 믿는 자들이 변화하여 휴거됩니다.

살전 4:17, "그 후에 우리 살아 남은 자도 저희와 함께"

(7) 땅에는 불신자들만 남고, 죽은 불신자들은 아직 살아나지 못 합니다.

(8) 이 모든 일이 순식간에 이루어집니다.

고전 16:51, "마지막 나팔에 순식간에 홀연히 다 변화하리니"

5. 퀴즈 문제

예수님은 창조주시요 우리의 구원주시며, 전지하시고 전능하십니다. 즉 모르시는 것이 없으시고, 못하실 것이 없으십니다.

그런데 그 예수님이(도) 모르시는 것이 딱 하나 있습니다.

과연 무엇일까요?

1) 죄를 모르신다?

고후 5:21, "하나님이 죄를 알지도 못하신 자로 우리를 대신하여 죄를 삼으신 것은"

예수님은 죄를 알지도 못하시는 분, 즉 죄를 모르시는 분이라고 말씀하십니다.

이것이 오늘 퀴즈의 정답입니까?

아닙니다.

(1) 예수님은 죄가 없으신 분

▶ 죄를 알지도 못하신 자 : "죄를 짓지 않은 자"입니다.

벧전 2:22, "저는 죄를 범치 아니하시고"

죄는 행위로, 말로, 또 생각으로 짓는 것입니다.

예수님은 죄를 짓지 않으셨기 때문에 죄가 없으신 분입니다.

(2) 예수님은 죄에 대해 너무도 잘 아시는 분

반면에 죄는 너무도 잘 알고 계십니다.

어떤 것이 죄며, 죄의 값(삯)은 죽음인 것을 너무도 잘 아시는 분입니다. 그래서 죄인인 우리를 대신하여 십자가에 죽어주신 것입니다.

옛날에 필자가 동료 여직원에게 "누가 나에게 무엇을 해주면 가장 고마운 일일까?"하는 질문을 하였더니 "나 대신 죽는 거!"라고 대답했습니다. 그때 그는 아직 예수님을 영접하지 않은 때였습니다.

2) 오늘 퀴즈의 정답은 "재림 날자와 시각"입니다.

마 24:36, "그날과 그때는 아무도 모르나니"

천사도 모르고, 예수님도 모르고, 오직 아버지 하나님만 아십니다. 재림 전에 세례요한 같은 역할을 할 사람이 나타난다는 해석은 틀린 것입니다.

예수님도 그 날짜를 모르시는데 도대체 어떤 사람이 그 날을 알고 알린다는 것입니까? 다만, 우리는 성경에 예언된 말세의 징조들이 세상에 나타나는 것을 보고 예수님의 재림이 다가왔음을 알 수 있는 것입니다.

3) 위 퀴즈 문제를 아내와 손자들이 있을 때 냈습니다.

정답 "재림 날자와 시각"을 기대하고, 그런데 어린 손자들은 무슨 말인지 알아듣지 못하는 것 같고, 아내가 "죄"라고 대답을 했습니다.

언뜻 생각하니 맞는 것 같아서 정답을 두 가지로 해야하나하고 잠깐 고심했습니다. 그러나 질문자의 의도에 맞지 않는 답이기에 일단 "땡"을 외치고, 손으로 가위표를 하였습니다.

그 후 다시 생각해보니 죄는 위와 같이 퀴즈의 정답이 아니었습니다.

제4장 새 예루살렘 성

계 21:10, "하나님께로부터 하늘에서 내려오는 거룩한 성 예루살렘을 보이니(계 21:2 거룩한 성 새 예루살렘)"

"새 예루살렘 성"을 이해하기 위해서는 먼저 예수님 재림 이후의 역사의 전개에 대한 이해가 필요합니다.

이 글은 예언에 대해 필자가 가진 성경 지식만큼만 쓰는 것이기 때문에 꼭 이렇게 역사가 진행된다는 보장은 없는 것입니다. 그러니 내용을 참고만 하시기 바랍니다.

1. 재림과 이후의 역사 진행

1 : 환난기간(1260일) -〉 7년 대환난의 전 3년 반

2 : 극심한 환난기간(30일)

3 : 재림을 기다리는 기간 (45일)

4 : 예수님 공중 재림

5 : 성도들의 부활, 휴거

6 : 땅을 심판하는 기간(965일) -〉 (아마겟돈 전쟁으로 추정함)

7 : 지상 정결기간(220일)

8 : 새 예루살렘 성이 하늘에서 지상에 내려 옴

9 : 예수님과 휴거된 성도들이 지상에 내려와 성에 들어 감

10 : 천년왕국

11 : 곡과 마곡 전쟁

12 : 불신자들의 부활

13 : 백보좌 심판

14 : 영원한 천국 / 영원한 지옥

☑ 기간을 나타내는 숫자 : 숫자로 표시된 기간은 하나님께서 정하신 기간을 성경(다니엘서와 요한 계시록)에 기록한 것입니다.

우리가 사용하고 있는 날자와 꼭 같지 않을 수도 있습니다.

예를 들면 요나가 밤낮 사흘을 물고기 뱃속에 있었던 것 같이, 예수님도 밤낮 사흘을 땅 속에 계신다(마 12:40)고 말씀하셨습니다. 그런데 예수님께서 장사 되신 시간은 필자가 계산한대로는 37시간입니다.

우리가 아는 3일 = 72 시간이 아닙니다.

☑ 참고 : in Jesus Christ. 128. 예수님께서 무덤에 계신 기간

☑ 참고 : 마라나타 2. 344-345. 말세 대환난도

2. 새 예루살렘 성

1) 지상에 내려오는 시기

예수님께서 공중에 재림하시고, 성도들이 부활 휴거된 후, 땅을 심판(아마겟돈 전쟁)하고 정결하게(지상 정결기간) 한 다음에, 새 예루살렘 성이 하나님께로부터 하늘에서 지상으로 내려옵니다.

계 21:1, "새 하늘과 새 땅을 보니"

처음 하늘과 처음 땅 처음 바다가 없어졌습니다.

▶ 이것은 땅을 심판하시는 기간(아마겟돈 전쟁)과 지상정결을 거친 후의 지구와 우주의 정결한 상태를 말하는 것입니다.

▶ 사탄을 잡아 결박하여 무저갱에 가둔 무죄시대, 즉 천년왕국의 시작입니다.

　계 20:1-3, "사단이라 잡아 일천 년 동안 결박하여 무저갱에 던져 잠그고"

2) 예수님 지상 강림

　이때에 공중에 재림하신 예수님과 휴거된 성도들이 지상의 새 예루살렘 성으로 내려오십니다.

3) 천년왕국

▶ 무죄 시대 : 천년왕국 시대는 죄가 없는 시대입니다.

　죄를 짓지 않고, 사탄 마귀가 없는(활동하지 못하는) 시대입니다.

　이 무죄시대는 에덴동산에서 아담과 하와가 범죄 하기 이전의 상태와는 다릅니다.

　이들도 아담의 후손으로서 다 죄인으로 태어나고, 그들 중에 불택자가 있는 것입니다.

▶ 이들은 농사를 하여 먹을 것을 마련합니다.

　미 4:3-4, "각 사람이 자기 포도나무 아래와 자기 무화과나무 아래 앉을 것이라."

▶ 이들은 자녀를 낳아 기릅니다.

　사 65:20, "거기는 날수가 많지 못하여 죽는 유아와 수한이 차지 못한 노인이 다시는 없을 것이라.”

▶ 이것이 성 안에 들어가지 못한 사람들의 생활입니다.

▶ 천년왕국 시대는 “새 예루살렘 성 안”과 “성 밖” 두 지역이 있게 됩니다.

4) 성 안에 들어가는 사람

▶ 예수님을 믿어 구원 받은 사람들입니다.

예수님 재림 때에 부활, 변화하여 휴거된 사람들입니다.

계 22:1-5, “성 안 성도들의 생활상입니다.”

5) 성 밖에 있는 사람

예수님을 믿지 않고 죽은 사람들은 그 영혼이 이미 지옥에 가 있습니다.

▶ 땅을 심판하는 기간(아마겟돈 전쟁)에 살아남은 사람들

▶ 천년왕국 시대에 태어난 사람들

천년왕국 시대를 사는 이 사람들 중에서 믿고 구원 받는 사람이 많이 나올 것입니다.

6) 성의 존속 기간

▶ 필자는 이 새 예루살렘 성이 천년왕국 시대에만 존재하는 것으로 봅니다.

그 후에는 백보좌 심판을 거쳐 영원한 천국과 또 영원한 지옥으로 나뉘어 집니다.

왜냐하면 ‘성’은 비록 그 크기가 어마하게 크다 해도 크기가 제한된

장소이기 때문입니다.

천국이 지구에 비해서, 우주에 비해서 너무도 작은 규모일 리가 없다는 것이지요.

7) 성 안

▶ 성 안은 두 말할 것도 없이 천국입니다.

하나님도 계시고 예수님도 계시는 천국입니다.

천국은 네 가지가 있다고 생각됩니다.

첫째, 예수님 믿고 죽었을 때 가는 천국

둘째, 천년왕국의 새 예루살렘 성

셋째, 영원한 천국

그리고 넷째 , 예수님 믿는 사람이 하나님 안에서 살면서 누리는 천국.

▶ 성 안에는 부활한 신령한 몸을 가진 성도들이 하나님을 섬기며 예수님과 함께 삽니다(계 22:1-4 하나님과 및 어린 양의 보좌).

8) 성 밖

그렇다고 해서 성 밖을 지옥이라고 할 수는 없는 것입니다.

왜냐하면 성 밖에 있는 사람들이라고, 그들이 다 예수님을 안 믿는 것이 아니기 때문입니다.

▶ 성 밖은 천년왕국 시대에 새 예루살렘 성을 제외한 지구의 모든 지역입니다.

▶ 성 밖에는 육신을 가진 사람들이 농사하며 자녀를 낳으며, 죄는 짓지 않고 삽니다.

9) 계 22:15, 성 밖에 있을 자들

개들, 술객, 행음자, 살인자, 우상 숭배자, 거짓말 하는 자.

▶ 이 여섯 가지는 하나하나가 다 죄입니다.

▶ 또한 이 여섯 가지는 우리가 짓는 모든 죄를 의미합니다.

굳이 비교를 한다면 소아시아 일곱 교회가 그 일곱 교회만을 의미하는 것이 아니고 신약 시대 모든 교회를 의미하는 것과 같다 하겠습니다.

▶ 어떤 이는 예수님을 믿는 사람도 이런 죄가 있으면 천국(성)에 못 들어간다고 해석합니다.

그러나 절대(필자가 '절대'라는 단어를 처음 씁니다) 그런 것이 아닙니다.

▶ 예수님을 믿은 사람은 그가 평생 지은 죄의 경중에 관계없이 다 성에 들어갑니다.

예수님 십자가에 의한 죄의 용서는 그 사람의 죄의 경중에, 많고 적음에 따라 다르게 적용되는 것이 아니고, 우리의 모든(과거, 현재, 미래의) 죄를 용서 받는 것입니다.

위의 여섯 가지 죄가 있는 사람만 성에 못 들어가는 것이 아닙니다.

▶ 위와 같이 죄가 있는 인간이, 회개하고 예수님을 믿지 못해서, 성에 들어가지 못하는 것입니다.

▶ 참고 : 마라나타 2. 314. 천국과 지옥. 318-319. 계시록의 일곱 인, 나팔, 대접. 384-386. 일곱 교회의 교훈.

10) 요한 계시록을 풀다.

필자는 계시록 같은 예언서는 자신도 없고, 풀고 싶은 생각도 없었습니다.

그런데 "예수님 재림 전에 세례 요한 같은 사람이 나타난다"는 설교를 듣고 나서 "초림과 재림"을 살펴보게 되었고, 또 "성 밖은 지옥이다"라는 해석을 듣고 나서 "새 예루살렘 성"을 살펴보았습니다.

여기에다 그 전에 요약해 두었던 "일곱 인, 나팔, 대접"과 "일곱 교회의 교훈" 또 '말세 7년 대환난 도표'를 합치니 요한 계시록 전체의 맥을 짚게 된 것입니다.

생각지도 않게 쉽게 요한 계시록을 풀었습니다. 물론 미래에 대한 해석이라 맞는지 맞지 않는지는 그때 가봐야 확실히 알게 됩니다.

그래도 전체적인 큰 틀은 크게 틀리지 않을 것입니다.

이런 해석도 있구나하고 참고만 하시기 바랍니다.

11) 새 예루살렘 성은 궁극적으로는 천국을 나타냅니다.

그래서 성 안은 천년왕국 후에 있을 영원한 천국을 상징합니다.

그리고 성 밖은 영원한 지옥을 상징합니다.

제5장 마 2:23의 해석

마 2:22-23, "갈릴리 지방으로 떠나가, 나사렛이란 동네에 와서 사니 이는 선지자로 하신 말씀에 나사렛 사람이라 칭하리라 하심을 이루려 함이러라."

1. 나사렛 사람, 나사렛 예수

1) 열두 제자도 예수님을 이렇게 불렀습니다.

행 3:6, "곧 나사렛 예수 그리스도의 이름으로 걸으라."

2) 사도 바울도 예수님을 이렇게 불렀습니다.

행 26:9, "나도 나사렛 예수의 이름을 대적하여"

3) 예수님도 자신을 이렇게 부르셨습니다.

행 22:8, "나는 네가 핍박하는 나사렛 예수라."

2. 구약 성경에 나사렛은 없다.

나사렛이라는 지명은 신약 4복음서와 사도행전에만 나옵니다.
구약에 나사렛이 직접 거명된 것은 없습니다. 그런데 마태는 선지자가 예언하였다고 하였습니다.

3. 해석의 힌트는 나다나엘의 반응에 있다.

1) 그리스도는 베들레헴에서 나신다.

요 1:46, "나다나엘이 가로되 나사렛에서 무슨 선한 것이 날 수 있느냐?"

나다나엘은 그리스도께서 베들레헴에서 나실 것을 알고 있었습니다.

미 5:2, "베들레헴 에브라다야, 이스라엘을 다스릴 자가 네게서"

▶ 베들레헴 : 예루살렘 남쪽의 작은 도시

다윗, 이새의 고향입니다.

삼상 16:1, "내가 너를 베들레헴 사람 이새에게로 보내리니"

나다나엘이 생각한 것은 베들레헴에서 그리스도가 나실 것이라는 선지자들의 말과, 나사렛의 지역적 특성입니다.

2) 나사렛의 지역적 특성

▶ 나사렛 : 이스라엘 북쪽, 유대를 지나고, 사마리아 끝부분, 갈릴리 호수 주변, 이방 지역, 갈릴리의 한 작은 마을입니다.

종교, 정치, 사회, 경제적으로 낙후된 한마디로 보잘 것 없는 깡촌입니다. 멸시와 천대를 받는 지역입니다.

4. 나사렛은 예수님 고난의 상징

나사렛의 지역적 특성에서 보듯이 그곳은 무시당하고 가난한 사람들이 사는 곳입니다.

선지자들이 예언한 것은 바로 "고난당하는 예수님"을 말하는 것입니다.

5. 선지자의 예언

사 53:1-12, "그는 연한 순 같고, 그는 멸시를 받아서, 그는 실로 우리의 질고를 지고"

슥 11:4-14, "너는 잡힐 양떼를 먹이라, 은 삼십을 달아 내 고가를 삼은지라."

시 22:1-31, "내 하나님이여 어찌 나를 버리셨나이까."

사 9:1-2, "스불론 땅과 납달리 땅을, 이방의 갈릴리를 영화롭게 하셨느니라."

6. 나사렛의 어원

사 11:1, "줄기에서 한 싹이 나며 그 뿌리에서 한 가지가 나서"

줄기, 뿌리 : 다윗의 혈통

한 싹, 한 가지 : 연한 새싹 = 예수 그리스도

가지 : 네체르(히브리어) = 나사렛 = "연한 새싹"이라는 뜻이랍니다.

제6장 새 예루살렘 성엔 은이 없다

1. 성

1) 구조 : 정육면체, 길이 넓이 높이가 같다.

2) 규모 : 길이 넓이 높이 각각 12,000 스다디온

3) 재료 : 정금

▶ 스다디온 : 184.85m

성의 길이, 넓이, 높이 : 12,000 × 184.85 = 2,218,200m(약 2,200km)

2.성곽

1) 규모(높이) : 144 규빗, **재료** : 벽옥

2) 12 기초석 : 보석(벽옥, 남보석, 옥수, 녹보석, 홍마노, 홍보석, 황옥, 녹옥, 담황옥, 비취옥, 청옥, 자수정)

12 사도의 이름이 있음.

3) 12 문 : 12 진주.

12 천사가 있고, 문 위에 이스라엘 12 지파의 이름이 써있음.

동편에 3문, 서편에 3문, 남편에 3문, 북편에 3문.

▶ 규빗 : 45.6cm.

성곽의 규모(높이) : 144×45.6 = 6,566.4cm (약 65.6m).

4) 길 : 정금

3. 빛

계 21:11, "하나님의 영광이 있으매 그 성의 빛이 지극히 귀한 보석 같고 벽옥과 수정 같더라."
계 21:23, "그 성은 해나 달의 비췸이 쓸데없으니 이는 하나님의 영광이 비춰고 어린양이 그 등이 되심이라."

4. 생명수와 생명나무

계 22:1, "생명수의 강을 내게 보이니 하나님과 어린양의 보좌로부터 나서"
계 22:2, "생명나무가 있어 12 가지 실과를 맺히되 달마다 그 실과를 맺히고"

5. 성에 은이 없다

우리가 귀중품을 말할 때 보통 금, 은, 보석이라고 합니다.
그런데 새 예루살렘 성의 재료에는 은이 없습니다.
성 재료에 왜 은이 쓰이지 않을까요?

1) 은이 금은보석 중에서는 가치가 떨어지는 면이 있습니다.
또 금으로 보석으로 다 지었는데 굳이 은이 더 필요하지 않은 것입니다.

2) 가룟 유다가 예수님을 팔아서 챙긴 돈이 은 삼십이었습니다.

은이 귀중품이지만 죄의 값으로 악하게 쓰인 것이지요.

슥 11:12-13, "곧 은 삼십을 달아서 내 고가를 삼은지라."

마 27:3, "유다가, 그 은 삼십을, 도로 갖다 주며"

제7장 마 27:9의 해석

마 27:9-10 이에 선지자 예레미야로 하신 말씀이 이루었나니 일렀으되 저희가 그 정가된 자 곧 이스라엘 중에서 정가한 자의 가격 곧 은 삼십을 가지고 토기장이의 밭 값으로 주었으니 이는 주께서 내게 명하신 바와 같으니라.

1. 슥 11:12-13

스가랴는 자신의 몸값으로 은 삼십을 받았으나, 그것을 토기장이에게 던집니다. 이것은 장차 예수님께서 은 삼십에 팔리실 것을 예언하는 것입니다.

마 27:9-10의 문장은 슥 11:12-13을 인용한 것입니다. 마태는 스가랴의 예언대로 예수님께서 은 삼십에 팔리신 것을 말하고 있습니다.

2. 렘 32:6-15

그런데 마태는 예레미야가 예언한 것이 이루어졌다고 합니다.

▶ 렘 32:6-17의 요약 : 예레미야가 사촌인 하나멜의 땅을 사는 "기업을 무르는 일"을 통해서 바벨론에 사로 잡혀간 이스라엘이 장차 돌아올 것을 예언하는 말씀입니다.

▶ 기업 무를 권리 : 조상으로부터 물려받은 토지를 다른 사람에게 팔았는데 그것을 "도로 살 능력이 없을 때" 형제나 친척이 대신 사 주는 제도

(레 25:23-25).

▶ 도로 살 능력이 없는 자 : 우리는 죄인인데 죄 값을 치를 능력이 없는 자입니다.

예수님께서 우리 대신 우리의 죄 값을 치러주신 것입니다.

3. 마태복음의 특이점

마태가 인용하는 구약 성경은 언뜻 보면 틀리게 인용한 것 같은 경우가 있습니다.

마 27:9 예레미야로 하신 말씀을 비롯해서 마 2:23 선지자로 하신 말씀, 마 1:17, "열네 대"

그런데 이것은 틀린 것이 아닙니다. 외국어를 우리말로 번역할 때 직역과 의역이 있듯이, 또 성경을 해석할 때 문자적 해석과 의미적 해석이 있는 것처럼, 마태는 구약 성경을 의미적 해석을 한 것으로 봅니다.

비슷한 사례는 행 7:14, 행 7:15-16의 스데반의 설교 그리고 요한복음의 유대인의 명절에서 볼 수 있습니다.

마 27:9-10은 문자적으로는 슥 11:12-13을, 의미적으로는 렘 32:6-15를 인용한 것입니다.

4. 마 23:35의 사가랴는 누구인가?

"성전과 제단 사이에서 너희가 죽인 바라갸의 아들 사가랴의 피까지"

1) 대하 24:20-22의 스가랴입니다.

"요아스 왕이 이와 같이 스가랴의 아비 여호야다의 베푼 은혜를 생각지 아니하고 그 아들을 죽이니"

▶ 요아스 : 유다 왕, BC 835-796년(40년)

▶ 여호야다 : 제사장, 성전을 수리하고 개혁함

▶ 스가랴(사가랴) : 여호야다(바라갸)의 아들

2) 스가랴서를 기록한 사람이 아닙니다.

슥 1:1, "다리오 왕 2년 8월에, 잇도의 손자 베레갸의 아들 선지자 스가랴에게"

▶ 다리오 왕 : 페르시아 왕(바사), BC 522-485년

▶ 스가랴 선지자 : 학개 선지자와 동시대 사역, 스가랴서 기록

제5부
마라나타 강의 원고

1. 동풍이 밤새도록

1-1 출애굽 경로

1-2 홍해 바닷길

2. 재림 징조 3제

2-1 이스라엘의 국권 회복

2-2 나를 비껴서가 사라졌다

2-3 Covid19

3. 이제 남은 일

3-1 복음이 다시 이스라엘로 돌아갑니다.

3-2 신약 교회의 회복

4. 우리가 할 일

4-1 그날을 사모하여 기다립시다.

4-2 예수님 안에서 삽시다.

4-3 세 가지를 고칩시다.

〈마스크 착용 상태 확인하고〉
▶ 강의를 시작하기 전에 먼저 질문 하나 하겠습니다.

〈문제〉

애굽으로 이주한 이스라엘 민족은 모두 몇 사람입니까?

구약 성경에는 66, 70명 사도행전에는 75명으로 되어있는데 이렇게 틀린 이유는 무엇입니까?

〈예상되는 답변〉

1) 75인은 상술, 70인은 약술.

2) 75인은 70인역을 인용한 것.

3) 75인은 요셉의 손자 3명 중손자 2명을 추가한 것.

4) 스데반 또는 누가의 오류.

5) 초청한 사람은 75인인데 실제로 간 사람은 70인이다.

〈해법〉

단어 두 개의 뜻을 분명하게 알면 됩니다.

혈속

친족

〈휴대폰 어학 사전 검색 실시〉

혈속 : 할머니 할아버지가 귀여운 내 새끼.

TV 프로 금쪽같은 내 새끼.

친족 : 혈속 + 며느리, 사위.

〈퀴즈 1〉

66, 70, 75 심지어 70인 역의 75인에도 포함되지 않는 한 사람이 있는데 누구일까요?

〈정답〉

요셉의 처 아스낫 - 창 41:50

〈퀴즈 2〉

오늘 강의 제목이 마라나타인데요.

마라나타라는 단어가 성경에 있을까요? 없을까요?

〈정답〉 있습니다.

고전 16:22

"만일 누구든지 주를 사랑하지 아니하거든 저주를 받을찌어다 주께서 임하시느니라."

〈kjv성경책을 가지신 분 읽어 주시기 바랍니다.〉

If any man love not the Lord Jesus Christ, let him be Anathema Maranatha (kjv).

"아나테마"는 "저주를 받는다"는 뜻이고, "마라나타"는 "주님이 오십니다", "주님 오시옵소서." 이런 뜻의 아람어로써 우리말 번역본의 "주께서 임하시느니라"에 해당됩니다.

헬라어로 된 신약성경에서 아람어 발음대로 쓴 것을, 다시 영어성경이 그대로 음역한 것입니다.

아람어 : 메대(미디아)와 바사(페르시아)의 언어.

헬라어 : 고대 그리스어(희랍어).

▶ **성지순례**

1코스 : 예수님 편 - 예루살렘을 비롯한 이스라엘

2코스 : 사도 바울 편 - 터키와 그리스, 마케도니아

3코스 : 모세의 출애굽 편

1 동풍이 밤새도록

1-1 출애굽 경로

출애굽 경로를 파악하기 위해서는 열쇠 3개가 필요합니다.

열쇠 3개 준비 되셨습니까?

아직 준비 안 되셨다면 하나님께 받으세요.

"여호와 이레"하셨습니다.

그 열쇠는 "아라비아에 있는 시내 산", "동풍이 밤새도록", "너희의 경계, 즉 국경선" 이렇게 세 가지입니다.

첫 번째 열쇠 - 국경선

출애굽한다는 뜻은 애굽에서 나온다는 뜻입니다.

애굽 나라, 즉 이집트 국경 밖으로 나간다는 뜻입니다.

그러면 출애굽하는 목적이 무엇입니까?

그것은 바로 가나안에 들어가기 위함입니다.

출애굽 경로를 이해하기 위해서는 애굽과 이스라엘의 국경선에 대한 이해가 먼저 선행 되어야 하는 것입니다.

그런데 우리는 지금까지 이 국경선에 대한 이해가 소홀했던 것이 사실입니다.

국경선을 이해하면 출애굽 경로는 쉽게 풀립니다.

1) 이스라엘의 국경선

창 15:18-21 읽기

출 23:31, "내가 너의 지경을 홍해에서부터 블레셋 바다까지 광야에서부터 하수까지 정하고"

북쪽 경계 : 유브라데 강(하수)

서쪽 경계 : 지중해(블레셋 바다)

남쪽 경계 : 애굽 강(시내) - 광야(네게브) 남쪽의 간헐천

동쪽 경계 : 홍해(아카바 만)

2) 애굽의 국경선

북쪽 경계 : 애굽 강(시내)

동쪽 경계 : 홍해(아카바 만)

3) 국경선의 의미

실제로 출애굽 40년 동안 이스라엘은 단 한 번도 가나안 땅에 들어간 적이 없습니다.

단, 12명의 정탐꾼이 가나안 땅을 탐지하러 간 것과 2명의 정탐꾼이 여리고에 간 것 외에는 …

두 번째 열쇠 - 동풍이 밤새도록

홍해 바다는 두 군데입니다.

수에즈 만, 아카바 만.

이 둘 중의 하나를 이스라엘이 건넌 것입니다. 지도에서 보면 두 바다는 길쭉한데 약 50도 각도로 두 바다가 만나서 큰 바다를 이루고 있습니다.

마치 우리나라 옛 시골에서 쓰던 지게를 옆에서 본 모양과 같다하겠습니다.

출 14:21 읽기

두 바다 중에 하나는 동풍이 바다의 길이 방향에 대해 직각으로 불지 않는 곳입니다.

하나님께서 둘 중 어떤 바다를 가르셨겠습니까?

당연히 바다의 길이 방향에 대해 동풍이 직각으로 부는 곳이지요. 한강의 수많은 다리를 보세요.

다 강의 길이 방향에 직각으로 나 있지요.

지도만 봐서는 어느 쪽이 동쪽인지 어느 쪽이 서쪽인지 구분하기 어렵습니다.

지구본을 보아야합니다. 위도를 나타내는 가로줄, 경도를 나타내는 세로줄이 그려져 있어 방향을 알 수 있습니다.

아카바 만 홍해가 세로줄과 거의 평행을 이루고 있습니다.

이 바다가 동풍이 직각 방향으로 부는 바다입니다. 이스라엘이 건넌 홍해는 '수에즈 만'이 아니고, '아카바 만 홍해'입니다.

세 번째 열쇠 - 아라비아에 있는 시내 산

갈 4:25 읽기

사실은 이 열쇠 하나만 가지면 출애굽 경로는 다 풀 수 있는 것입니다. 그런데 우리는 지금까지 이를 풀지 못하고 있는 것입니다.

우리가 성경 한 구절을 얼마나 귀하게 여기지 않고 있다는 반증입니다. 성경이 이곳이라고 하는데 왜 엉뚱한 곳에서 찾고 있습니까?

덤으로 드립니다 - 숙곳의 위치 파악

기존의 학설과 현지답사를 통해 출애굽 경로를 밝힌 학설 모두 틀리고 있습니다.

숙곳의 위치를 파악하기 위해서 고려해야 할 사항 세 가지

▶ 출애굽의 목적과 목표는 가나안이다.

▶ 3일 길을 갔다.

▶ 이스라엘의 남쪽 국경선을 넘지 않았다.

이 세 가지 조건을 충족시키는 지역이 바로 애굽 강(시내) 중 상류 지역입니다.

출애굽 경로

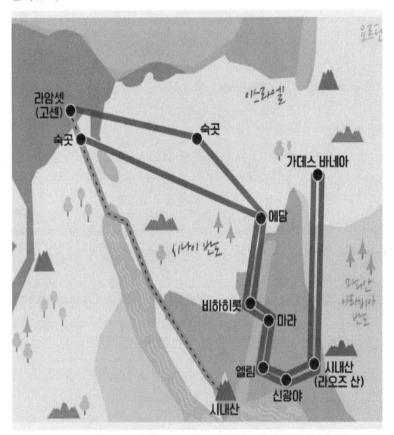

〈그림 1-출애굽 경로〉 : 홍해 바닷길은 한강보다 넓다 2의 앞표지 그림

1-2 홍해 바닷길

1. 홍해 바닷길이 있는 곳 - 누웨이바

동풍이 밤새도록을 통하여 이스라엘이 건넌 홍해는 수에즈만이 아니

고 아카바만인 것을 확인하였습니다. 그런데 아카바만의 길이가 160km 랍니다. 그리고 바다의 깊이가 1,000m가 넘는답니다.

과연 어느 지점을 어떻게 건넜을까요?

비하히롯을 찾으면 됩니다.

에담에서 장막을 치고 쉰 후에, 돌쳐서 비하히롯까지 가서 그곳 바닷가에 장막을 쳤습니다.

'돌쳐서'는 '옆으로 틀다'또는 '뒤로 돌이키다'라는 뜻입니다(출 14:2). 즉 숙곳에서 에담을 향하여 동쪽으로 가던 방향에서 옆으로 틀어 남쪽으로 간 것입니다.

실제로 그곳 바닷가에 수백만 명이 장막을 칠 수 있는 넓은 모래사장이 있답니다.

이곳이 비하히롯입니다, 현재의 지명은 "누웨이바"랍니다.

2. 홍해 바닷길의 규모

그리고 "물은 그들의 좌우에 벽이 되니" 이 말씀에서 1,000m가 넘는 바다의 어느 부분에는 얕은 곳이 있다는 것을 알 수 있습니다.

저는 수심이 수 미터에서 수십 미터 되는 곳이 있을 것으로 생각했었는데요.

실제로 시나이 반도의 누웨이바에서 아라비아 반도 사이 바다에 수심 32.4m 되는 '해저 둑'이 있답니다. 그 폭이 1.6km에서 6.0km랍니다. 길이는 15km이구요.

바로 이 해저 둑이 홍해 바닷길이 된 곳입니다.

홍해 바닷길의 규모는 이렇습니다.

길이 15km

넓이 1.6km

물의 벽의 높이 32.4m(108ft)

행주대교에서 마포대교까지의 직선거리가 대략 15km입니다.

행주대교 길이가 1,460m이므로 홍해 바닷길은 한강보다 넓은 것입니다.

행주대교 밑에서 마포대교까지 배를 타고 한강을 지나가면서 좌우로 보이는 강변북로와 88도로가 행주대교 주탑 높이(30m). 또는 아파트 12층 높이의 물의 벽으로 되어 있다는 상상을 하시면 비교가 되겠습니다.

〈퀴즈 3〉

홍해 바닷길은 물 위에서 보일까요? 보이지 않을까요?

〈답〉

보일 수도 있습니다.

바다의 투명도는 물 밖에서 보이는 바다의 깊이를 말합니다.

홍해의 투명도가 30m랍니다.

홍해 바닷길은 수심 32.4m이니까 물 밖에서 어렴풋이라도 보일 수 있을 것입니다.

드론 카메라나 수중 카메라로 찍을 수 있을 것입니다.

홍해 바닷길

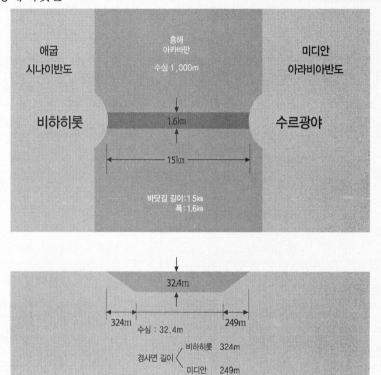

〈그림 2-홍해 바닷길〉: in Just Christ의 앞표지 그림.

2 재림 징조 3제

2-1 이스라엘의 국권 회복

마 24:32, 33 읽기(막 13:28, 29; 눅 21:29~31)

무화과나무 비유는 아래와 같이 4가지로 해석합니다.

직유법 해석 1가지, 은유법 해석 3가지입니다.

1. 직유법 해석 1가지

33절의 "이 모든 일"을 3~31절까지의 모든 징조들로 봅니다. 그래서 무화과나무 가지가 연하여지고 잎이 나면 여름이 가까운 것을 알 수 있 듯이, "이 모든 일" 즉 난리와 난리 소문, 처처에 기근과 지진 등 재난이 일어나면, 주님이 문 앞에 이르신 것 같이 재림의 때가 매우 가까운 줄 알라는 말씀으로 해석합니다.

2. 은유법 해석 셋 중의 하나 = 이스라엘의 국권 회복

무화과나무로 상징되는 이스라엘 민족이 AD 70년 로마의 침공으로 나라를 잃고 전 세계에 흩어졌는데 1948년 5월 16일 독립한 것을 말합 니다.

지금은 그로부터 70년이나 지난 상태입니다.

얼마나 더 기다릴 시간이 남아있겠습니까?

▶ 은유법 해석이 세 가지인데 그 중 하나가 실현된 것입니다.

나머지 두 가지는 잠시 뒤에 설명하겠습니다.

2-2 나를 비겨서가 사라졌다.

출 20:23 읽기

본문에서 "너희는 나를 비겨서 … 만들지 말고"는 히브리어로 "로 타아순 이티"입니다.

"너희는 결코 나에 대해 만들지 말라"는 뜻입니다.

"나를 비겨서 우상을 만들지 말라", 또는 "나에 대하여 절대 만들지 말라." "나를 어떤 형상으로 만들지 말라"라고 번역 할 수도 있습니다.

출 20:23의 키 포인트는 "나를 비겨서(또는 빗대어)"입니다, 이 구절이 생략 되거나 변경되면 안 되는 것입니다.

즉 하나님(창조주)을 어떤 형상(피조물)으로 만들지 말라는 말씀입니다.

66권 성경 중에서 유일하게 한 절 있는 말씀입니다.

우리말 번역 성경책들을 보십시오, 그 전부터 사용해온 2권 한글개역과 개정개역 외에 최근에 번역된 성경책들엔 "나를 비겨서"가 없습니다.

심지어 어떤 번역본에서는 "너희는 나 외에 다른 신들을 만들지 말고 …"라고 번역하고 있는데, 이것은 다른 신들은 만들지 말고 나(하나님)만 만들어라 이런 뜻 아닙니까?

하나님 말씀 한 구절을 없애버린 것입니다.

마귀는 참으로 교묘해서 우리가 중요하게 여기지 않는 틈을 타서 이 말씀을 없애버린 것입니다.

이런 성경책을 볼 수밖에 없는 우리 후세들은 무엇을 만들어 놓고 이것이 '하나님이시다'라고 해도 죄가 되지 않는다고 생각하게 될 것입니다.

하나님 말씀을 아예 없애버리는 악한 시대가 되었습니다.

더 이상 악해질 것이 남아있습니까?

말세로 갈수록 이단, 사이비가 들끓을 것입니다.

큰일입니다, 그러나 우리가 그들에게 빠지지 않으면 되는 것입니다.

더 큰 문제는 이렇게 하나님 말씀이 왜곡, 변질, 삭제되는 일입니다.

하루 빨리 출 20:23의 번역에 "나를 비겨서"를 넣어주세요.

〈퀴즈 4〉

성경에서 글자 한 자가 얼마나 중요한지 실증해보겠습니다.

이 글자가 있으면 큰 수박만한 크기가 되는데, 만약에 이 글자가 없으면 수박의 꼭지만한 크기가 됩니다.

〈정답〉

행 1:8 '와'

2-3 Covid 19

눅 21:11 읽기

계 6:8, "내가 보매 청황색 말이 나오는데 … 검과 흉년과 사망과 땅의 짐승으로써 죽이더라."

사망 = 온역 =〉 전염병

겔 14:21, "칼과 기근과 사나운 짐승과 온역을"

〈대응법〉

1. 매를 순히 받으라고 하셨습니다.

미 6:9, "너희는 매를 순히 받고 그것을 정하신 자를 순종할찌니라."

1) 이런 마음을 가지라는 뜻입니다.

이 코로나19 온역이 바이러스에 의해 전염되는 자연현상에 그치는 것이 아니고, 하나님께서 내리시는 징계요 심판인 것을 알아야 됩니다. 저항하거나 반항하거나 원망하지 말고, 또한 낙심하거나 좌절하거나 자포자기 하지 말라는 것입니다.

그리고 죄와 허물-나 개인의 죄, 교회의 죄, 나라의 죄, 이 시대의 죄-을 찾아 회개하고 말씀에 바로 서라는 것입니다.

세상을 향했던 마음을 하나님께로 돌리라는 뜻입니다. 예방과 치료를 위한 인간의 노력은 완벽할 수가 없습니다. 그래서 하나님께 기도해야 합니다. 하나님께서 바이러스를 멸하여 주시길 기도해야 합니다.

2) 병에 걸리지 않도록 예방을 철저하게 하고, 혹시라도 병에 걸렸다면 치료를 잘 받으라는 뜻입니다.

디모데의 비위와 자주 나는 병을 위하여 포도주를 조금씩 쓰라고 하셨습니다(딤전 5:23).

그 시대에서 포도주는 오늘날의 위장병을 위한 약이나 병원과 같은 것입니다.

예방백신도 없고 치료제도 없는 상태에서는 설령 치료제가 있다하더라도 예방이 최선입니다.

예방하는 방법이 마스크 바르게 쓰고, 손 씻기 잘하고, 사람간 거리 두기하는 것입니다.

그중에서 마스크 바르게 쓰는 것이 최상의 예방법입니다.

마스크는 성능에 따라 세 종류가 있습니다. - KF94, KF80, KF-AD.

쓰는 방법도 세 가지가 있습니다. - 마스크, 코스크, 턱스크.

효과 면에서 보면 마스크는 100%, 턱스크는 0%, 그러면 코스크는 얼마나 효과가 있을까요?

코스크도 효과가 거의 없다고 봅니다.

왜냐하면 입은 말 할 때 밥 먹을 때 외에는 닫고 있지만, 코는 닫을 수가 없지 않습니까?

코는 항상 열려 있어서 24시간 내내 1분에 17회 정도 숨을 들이쉬고 내쉬고 해야 되기 때문이죠.

2. 우리가 코로나에 대처하면서 속고 있는 것이 세 가지

1) 상식이 무시되는 전문 지식에 속고 있습니다.

지금에 와서는 마스크의 효과가 입증되고 관계당국도 마스크 착용을 강조하고 있지만 초기에는 마스크보다는 손 씻기를 더 강조해왔던 것이 사실입니다.

그런데 코로나가 소화기 질병입니까? 호흡기 질병입니까? 감기 증세로 시작해서 결국엔 폐렴으로 진행되니까 당연히 호흡기 질병 이지요, 호흡기는 어떤 것입니까? 코, 기관지, 허파가 호흡기지요.

그러면 호흡기의 출입구가 되는 코를 막는 것이 최우선 아닙니까? 전문가라고해서 항상 옳은 것은 아닙니다.

이런 전문 지식의 문제는 비단 코로나뿐만이 아니고 성경 해석과 번역에서도 일어나고 있는 것입니다.

애굽으로 이주한 이스라엘 민족의 수 해석을 틀리게 하는 주 원인이 무엇입니까?

바로 70인 역본에 있는 것입니다.

70인 역본에 75명이라는 숫자가 있는데 그것을 무비판적으로 인용하기 때문입니다.

70인 역본을 아는 사람이 누구입니까?

신학을 공부한 신학자요 목사님이요 성경 주석가 아닙니까?

또 출 20:23의 번역에서 나를 비겨서를 뺀 사람들이 누구입니까?

번역가죠, 이들은 성경 전문가요 어학 전문가들입니다. 전문가라고 해서 항상 옳은 것은 아닙니다.

2) 비말은 침방울이라는 해석에 속고 있습니다.

주로 감염자의 코와 입을 통해 비말과 함께 배출된 바이러스를 다른 사람이 호흡하므로 감염 됩니다.

또한 바이러스가 묻은 손으로 얼굴을 만지므로 코와 입 또는 눈을 통해 바이러스가 몸 안으로 들어감으로 감염 되는 것입니다.

비말은 침방울뿐만이 아니고 코와 입에서 나오는 "체액의 방울"인데 미세해서 우리 눈에 보이지 않는 것도 많습니다.

그런데도 비말은 입에서 나오는 침방울이니까 코는 내 놓아도 된다고 생각하고 마스크를 쓰기는 하는데 코를 내놓는 큰 실수를 하고 있는 것입니다.

3) 무증상에 속고 있습니다.

마스크 올바른 착용 법
▶ 성능 좋은 제품을 사용한다. - kf94.
▶ 마스크를 얼굴에 밀착시켜, 코와 입을 잘 막아, 들숨 날숨이 옆으로 새지 않게 한다.
▶ 마스크 겉면을 손으로 만지지 않는다.
▶ 마스크를 벗는 시간을 최소로 한다.
▶ 마스크를 자주 바꿔 쓴다.

*하나님께서 "코로나 끝!" 하실 때까지 조심하십시다.

3 이제 남은 일

마 24:32, 33절의 은유법 해석 세 가지 중에 한 가지 이스라엘의 독립이 70여 년 전에 이루어졌다고 말씀드렸습니다.
이제 남은 두 가지를 말씀드리겠습니다.

지금 이 시대는 전 세계인의 복음화가 이루어졌습니다.
구약 시대 이스라엘에게만 주어진 복음이 신약 시대에 이방으로 나갔습니다.

롬 11:25, 26상 읽기

그리하여 우리까지도 복음을 받고 또한 전 세계인이 구원을 받게 된 것입니다.

신약 2천년 동안 이루어진 일입니다.

3-1 이제 남은 일 둘 중의 하나 - 복음이 다시 이스라엘로 돌아갑니다.

롬 11:26하-27 읽기

마지막 때에 복음이 다시 이스라엘로 들어갑니다.

무화과나무 비유 은유법 비유 세 가지 중에 두 번째가 진행되고 있는 것입니다.

3-2 이제 남은 일 둘 중의 둘 - 신약 교회의 회복입니다

계 22:11 읽기

무화과나무 비유 은유법 비유 세 가지 중에서 세 번째가 진행되고 있는 것입니다.

그러나 그 시기는 아무도 모릅니다.

사람들은 물론 천사들도 심지어 예수님도 그 시기는 모르고, 오직 아버지 하나님께서만 알고 계십니다(마 24:36).

그러나 성경 말씀대로 나타나고 있는 징조들이 예수님께서 다시 오

실 때가 다 된 것을 가리키고 있는 것이 분명합니다.

4 우리가 할 일

4-1 그 날을 사모하여 기다립시다.

벧후 3:12 읽기.

4-2 예수님 안에서 삽시다.

예수님 안에서,
성령님을 따라,
하나님 영광을 위해 삽시다.

4-3 3 가지를 고칩시다.

1. 나를 비겨서를 제자리에 갖다 놓읍시다.

우리말 성경 출 20:23에서 나를 비겨서가 사라졌습니다.
나를 비겨서가 없으면 출 20:23은 없는 것과 같습니다.
하나님 말씀 한 절을 없앤 것입니다.
나를 비겨서를 출 20:23에 다시 갖다 놓읍시다.
나를 비겨서가 있어야 할 자리는 출 20:23입니다.

2. 찬송가 가사 한 소절 고쳐 부릅시다.

찬송가 211장 (통일 346).

1절 둘째 단

막달라 마리아 본 받아서 -〉 베다니 마리아 본 받아서

〈211장 고친 가사로 다같이 찬송합시다〉

찬송 인도자 앞으로 나오시죠.

찬송가 펴시고.

막달라 마리아를 베다니 마리아로 고쳐 부릅니다.

3. 신앙고백 성경에 맞게 고칩시다.

1. (제목을) 사도신경 -〉 신앙고백 - 모든 신자의 고백입니다.

2. 본디오 빌라도에게   -〉   헤롯과 빌라도에게 - 행 4:27

   (요 19:11 나를 너에게 넘겨준 자의 죄가 더 크다)

3. 거룩한 공회와 -〉 거룩한 교회와 - 마 16:18

4. 천지를 만드신 -〉 천지를 창조하신 - 창 1:1

5. 동정녀 마리아 -〉 처녀 마리아 - 사 7:14

6. 성도가 서로 교통하는 -〉 성도가 서로 교제하는 - 행 2:42

   (고후 13:13, "성령의 교통하심이 …")

고친 내용으로 신앙고백 하겠습니다.

시작!

전능하사 천지를 창조하신 …〉

이상으로 강의를 마칩니다.
예수님 안에서, 성령님을 따라, 하나님 영광을 위하여 사십시다.
- 아멘 -

이제 여러분의 질문 받겠습니다.

부록

look at!

제1장

삿 14:4 그, 삼손, 여호와, 야훼, 주, 주님

성경 본문 : 삿 13:1-16:31; 히 11:32-34

1. 삼손은 누구인가?

1) 잉태

하나님의 특별한 섭리로 잉태 됨(삿 13:2-3).

세례 요한의 경우와 같습니다(눅 1:15).

사무엘의 경우와도 같습니다(삼상 1:11).

2) 나실인

날 때부터 나실인(삿 13:5, 삿 16:17).

3) 이스라엘의 구원자

블레셋 사람의 손에서 이스라엘을 구원하는 사명을 받음(삿 13:5).

4) 사사

삿 15:20, 삼손이 이스라엘 사사로 20 년을 지내었더라.

2. 삼손 이전의 이스라엘의 상황

블레셋에게 40년 동안 지배당함.

삿 13:1, 여호와께서 그들을 사십 년 동안 블레셋 사람의 손에 붙이시니라.

3. 나실인의 규례

1) 포도주와 독주를 마시지 말라(민 6:1-4)

세상에 취하지 말라는 뜻입니다.

2) 머리에 삭도를 대지 말라(민 6:5)

하나님께 전적으로 순종하라는 뜻입니다.

3) 시체를 가까이하지 말라(민 6:6-7)

죄에서 멀리 떠나라는 뜻입니다.

*나실인 : 하나님께 바쳐진 자.

평생 나실인 : 삼손, 사무엘, 세례 요한, 사도 바울.

일정 기간을 정하여 나실인의 삶을 사는 경우.

신약 시대 성도는 평생 나실인.

4. 삼손은 이스라엘 사사

1) 삼손에게 성령님이 임하심

삿 13:24-25, 여호와의 신이 비로소 그에게 감동하시니라.

삼손이 성령님의 감동을 받고, 사사로써의 사역을 시작합니다.

2) 사사 20년 통치

삿 16:31, 삼손이 이스라엘 사사로 이십 년을 지내었더라.

삼손은 20년 동안 사사로 이스라엘을 통치하였습니다.

*사사 : 하나님께서 친히 세우신 이스라엘의 정치적, 종교적 지도자.

하나님을 대리하여 이스라엘을 통치하고, 나라가 위기에 처할 때 구원

해 내는 사명.

5. 사사 삼손의 중요 사역

1) 블레셋 여인과의 결혼

삿 14:1-15:2 블레셋 딸 중 한 여자를 보고.

2) 여우 삼백으로 블레셋 곡식밭을 불태움

삿 15:3-13 삼손이 가서 여우 삼백을 붙들어서.

3) 나귀 턱 뼈로 블레셋 일천 명을 죽임

삿 15:14-20 나귀의 새 턱 뼈를 보고, 일천 명을 죽이고.

4) 들릴라와 결혼함

삿 16:1-14 삼손이 소렉 골짜기의 들릴라를 사랑하매.

5) 삼손이 실패함

삿 16:15-21 그 머리털 일곱 가닥을 밀고.

눈이 뽑히고 놋줄에 매여 맷돌을 돌림.

6) 삼손이 재기함

삿 16:22-31 이번만 나로 강하게 하사.

삼손이 죽을 때 죽인 자가 살았을 때 죽인 자보다 더욱 많았다.

6. 삼손에 대한 평가

삼손은 하나님의 특별한 뜻으로 잉태되고, 나실인으로 태어나고, 성령님의 감동을 받고, 사사로 사역하였습니다.

삼손은 블레셋으로부터 이스라엘을 구원하는 사명을 가지고 태어난 사람입니다.

그는 일생에 단 한번 신앙의 비밀을 지키지 못해 실패한 것 외에는 하나님 뜻에 순종하여 살았습니다.

삼손은 인간의 연약함 특히 여자에게 약한 약점에도 불구하고 하나님은 그를 끝까지 이스라엘 구원을 위하여 사용하신 것입니다.

히 11:32-34, 기드온, 바락, 삼손 … 저희가 믿음으로 나라들을 이기기도 하며.

7. 삿 14:4의 역본절 비교

*개역한글 : 이때에 블레셋 사람이 이스라엘을 관할한 고로,
삼손이 틈을 타서 블레셋 사람을 치려함이었으나,
그 부모는 이 일이 여호와께로서 나온 것인 줄을 알지 못하였더라.

*바른성경 : 그때는 블레셋 사람들이 이스라엘을 다스리고 있었으므로,
여호와께서 블레셋을 칠 기회를 찾고 계셨으므로,
그의 부모는 그 일이 여호와께로부터 나온 것을 알지 못하였다.

1) 그, 삼손, 여호와, 야훼, 주, 주님

개역한글 : 삼손이 …

개역개정 : 삼손이 …

바른성경 : 여호와께서 …

표준 새번역 : 주께서 …

새번역 : 주님께서 …

공동번역 : 야훼께서 …

공동번역 개정 : 야훼께서 …

KJV : he …

CEV : the LORD …

"성경 원문"에는 "그"로 되어 있다고 합니다.

2) 표현은 다르지만 문장의 뜻은 같아야 합니다.

그, 삼손, 여호와, 야훼, 주, 주님.

표현은 다르지만 문장의 뜻은 같아야 합니다.

(1) 주어에 따라 문장 표현이 달라집니다.

문장의 "주어"를 누구로 하느냐에 따라 표현이 달라지는 것입니다.

주어를 "하나님"으로 할 때와 "삼손"으로 할 때 표현이 다르게 됩니다.

그러나 그 문장이 전하고자하는 뜻은 같아야 합니다.

(2) 삿 14:4의 뜻

블레셋을 쳐서 이스라엘을 구원하는 것이 하나님의 뜻입니다.

그 뜻을 삼손을 통해서 이루시는 것입니다.

삼손은 하나님의 뜻대로 순종하였습니다.

(3) 삼손은 하나님의 뜻을 알고 그대로 순종하였습니다.

"삼손이 하나님 뜻을 알지 못하고 자기 마음대로 블레셋과 싸운 것"이라고 해석 하는 것은, 마치 "베다니 마리아가 예수님께서 십자가에 죽으실 것을 모르고 예수님께 향유를 헌신한 것이다"라고 잘못 해석하는 사례와 같다하겠습니다.

*참고 : 마라나타 2. 96-103. 217-222. 향유헌신.

8. 자기 소견에 옳은 대로

삼손 시대 이후의 이스라엘의 상황입니다.

삿 17:6, 사람마다 자기 소견에 옳은 대로 행하였더라(삿 21:25).

이스라엘을 통치할 사사도 없고, 왕도 없는 상태에서, 백성들은 각자의 생각에 옳다고 여기는 대로 살아가는 상황입니다.

9. 삿 14:4 번역에 대한 필자의 견해

1) "성경 원문"에 "그가 틈을 타서"로 되어 있는 것을(필자가 직접 확인 한 것은 아니고, 계신 총회보 2023년 7월 1일 호 "그는 삼손인가 여호와이신가"에서 인용함), 우리말 번역에서는 "삼손" 또는 "하나님"(여호와, 야훼, 주, 주님)으로 번역하고 있는 것입니다.

2) 이 구절의 주제는 "하나님"께서 블레셋을 치실 뜻을 가지시고, 그 뜻을 "삼손"을 통해서 이루어 가시는 것입니다.

3) "하나님"을 주어로 하는 번역본들에서는 "삼손"이 배제되어있습니다.

4) 그 부모를 포함한 이스라엘 백성은 하나님의 이러한 뜻을 모릅니다.

5) 하나님의 뜻이 삼손을 통해서 이루어지는 것을 나타내기 위해서는 문장에 삼손이 배제 되어서는 안 됩니다.

6) 이 구절은 "성경 원문"에 "그"로 되어 있다고 하니, 번역도 "그"로하고 "그"를"삼손"으로 이해하던가, 아니면 이 구절이 나타내고자 하는 뜻을 명확하게 표현하기 위해서는 "그"를 "삼손"으로 번역하는 것이 더 합당하다고 봅니다.

7) "그"를 하나님으로 번역하면

(1) 이어지는 문장 "여호와께로부터 나온 것"과 뜻이 중첩 되고,

(2) "그의"는 누구를 말하는지, "그 일"이 무엇을 말하는지 애매합니다.

(3) 또한 "기회를 찾고 계셨다"는 말은 하나님께 해당되는 말이 아닙니다.

하나님은 전지전능 하셔서 뜻을 세우시면 친히 하시든지 사람을 사용하시든지 언제라도 어떤 일이라도 하실 수 있는 분입니다.

(4) 기회를 찾고(엿보고, 노리고)는 사람이 하는 수준입니다.

10. 삼손의 실수와 실패

1) 실수

삿 14:17, 그가 그 아내에게 수수께끼를 풀어 이르매.

2) 실패

삿 16:17, 만일 내 머리가 밀리우면 내 힘이 내게서 떠나고 나는 약하여져서.

날마다 보채는 들릴라 때문에 마음이 번뇌하여 죽을 지경이 된 삼손이 결국 자기 힘의 원천인 신앙의 비밀을 누설하고 맙니다.

그 결과 삼손은 두 눈이 뽑히고 놋줄에 매여서 간신히 목숨만 부지한 채 옥중에서 맷돌을 돌리는 처참한 신세가 됩니다.

3) 실수 뒤에 실패

삼손이 처음에 실수를 했을 때 그 원인이 여자(아내) 때문인 것을 알았습니다(삿 14:18, 너희가 내 암송아지로 밭 갈지 아니하였더면).

그때 회개하고 바로서서 대비책을 간구하였다면, 후일에 치명적인 실패를 겪지 않았을 수도 있었겠다는 생각이 듭니다.

우리가 작은 실수라고 그냥 넘기는 것이 훗날 치명적인 실패를 가져올 수도 있다는 것을 생각해야겠습니다.

4) 합력하여 선을 이루시는 하나님

삼손이 실수하고 실패했어도, 하나님께서는 그러한 일들을 또 선한 일로 바꾸어 주십니다.

우리의 죄를 따라 징계하시지 않고, 오래 참아주시고, 버리지 아니하시고, 모든 것을 합력하여 선을 이루어가십니다.

롬 8:28, 하나님을 사랑하는 자 곧 그 뜻대로 부르심을 입은 자들에게는 모든 것이 합력하여 선을 이루느니라.

그래서 우리는 비록 실패했더라도 낙심하고 좌절하지 말고, 회개하고 하나님을 바라보면 그 이후는 하나님께서 선한 길로 인도하십니다.

11. 다른 번역 사례 비교 : 출 20:23의 번역 "나를 비겨서"

1) 출 20:23의 번역 사례

*개역한글 : 너희는 "나를 비겨서" 은으로 신상이나 금으로 신상을 너희를 위해서 만들지 말고.

*바른성경 : 너희는 나 외에 다른 신들을 만들지 말고 너희를 위해 은 신상이나 금 신상을 만들지 말며.

*다른 우리말 성경들 : "나를 비겨서"가 생략됨.

2) 재단에 "하나님 우상"을 만들어 놓지 말라.

출 20:22-26은 재단에 관한 법입니다.

하나님께 제사드릴 때 무슨 형상을 만들어 놓고 "이것이 하나님이다"

하지 말라는 말씀입니다.

3) 하나님을 우상으로 만든 일에 진노하심

그래서 출 32:1-35, 왕상 12:25-33의 금송아지 사건에 하나님께서 진노하신 것입니다.

4) 현대적 의미의 우상

하나님보다 더 위하는 것, 더 지배 받는 것, 더 사랑 하는 것. 더 귀하게 여기는 것.

쉽게 말해서 "나는 00 없으면 못살아"하는 "00"이 우상인 것입니다.

5) 출 20:23의 핵심은 "나를 비겨서"

(1) 나를 비겨서가 없으면

"나를 비겨서"가 없으면 이절 전체가 없는 것과 같습니다.

"나를 비겨서"는 출 20:23에만 유일하게 있는 문구입니다.

(2) 마귀의 교묘한 술책

마귀는 교묘해서 번역자들이 알고 했던 모르고 했던 간에, 우리가 별로 중요하게 여기지 않고 소홀하게 다루던 출 20:23을 이렇게 교묘하게 바꿔서 그 절이 없어진 효과를 보는 것인데, 문제는 우리가 이 기막힌 사실을 깨닫지 못하고 있는 것입니다.

(3) 우리 후세들이 큰 문제

"나를 비겨서"가 생략된 성경을 배우게 되는 우리 후세들은 무엇을 만들어 놓고 이것이 하나님 이다 해도 죄가 되지 않는다고 여기게 될 것입니다.

*참고 : 마라나타 2. 237-242. 출애굽기 20:23의 번역(해석).

12. 삼손의 이방 결혼

1) 이방 결혼 금지

신 7:1-4, 또 그들과 혼인하지 말찌니 네 딸을 그 아들에게 주지 말 것이요 그 딸로 네 며느리를 삼지 말 것은.

가나안에 들어가서 살 때 그 족속들과 혼인하지 말라는 말씀입니다.

2) 이방 여인과 결혼한 자에 대한 처분

스 10:19, 그 아내를 내보내기로 하고.

느 13:25, 너희 딸들로 저희 아들에게 주지 않고.

3) 사형 당할 정도의 중죄는 아니다.

출 21:12-17, … 한 자는 반드시 죽일 것이나.

사형에 처할 죄 : 사람을 죽인 자, 사람을 유괴한 자, 부모를 치거나 저주하는 자, 간음한 남녀는 사형에(레 20장, 신 22장) 처하였습니다.

4) 삼손의 이방 결혼

삼손의 이방 결혼은 하나님의 특별한 섭리 가운데 허용하신 것입니다.

예수님 족보에 오른 다말, 라합, 룻도 이방 여인입니다.

5) 신약 성도의 결혼

신앙이 같은 사람끼리 결혼해야합니다.

고전 6:14, 너희는 믿지 않는 자와 멍에를 같이 하지 말라.

제2장
가나 혼인 잔치의 교훈

성경 본문 : 요 2:1-11

1) 빌립을 만나신 날로부터 삼일 째 되는 날입니다.

(1) 사흘은 다른 특별한 뜻이 없다

어떤 이는 "사흘"에 특별한 의미를 두어 제7일 안식일이다, 예수님의 무덤 삼일 뜻한다, 갈릴리로 오신지 '삼일 후'라고 해석하는 경우가 있습니다.

그러나 다른 특별한 뜻이 있는 것이 아닙니다.

(2) 사흘은 빌립을 만나신 날의 다음 다음 날

이 구절 앞에 있는 문장, 요 1:43-51의 사건 즉, 예수님께서 빌립을 부르시고 나다나엘을 만나신 날로부터 삼일 째 되는 날을 말하는 것입니다.

오늘을 기준으로 하면 내일이 지나고 모레가 되는 날입니다.

(3) 사흘에 다른 특별한 뜻이 있다고 해석하는 것은, 마치 요 20:22 숨을 내쉬며에서 예수님의 숨에서 성령이 나오는 것으로 오해하는 것과 같다하겠습니다.

이 동작은 부활하신 예수님께서 제자들에게 살아 있는 우리와 똑같이 숨을 쉬시는 것을 보여주신 것입니다.

2) 요 1:29, 요 1:35, 요 1:43의 이튿날도 모두 앞 문장의 사건이 있은 날의 다음 날을 뜻합니다.

3) 이렇게 날짜를 기록한 것은 이 사건이 실제 있었다는 것을 증명하는 것이고, 사건의 발생 순서를 나타내는 것입니다.

2. 혼인 잔치 집

혼인집에는 신랑과 신부가 있고, 기쁨이 있는 집입니다.
예수님과 성도들은 신랑과 신부의 관계이고, 사랑과 기쁨이 충만한 관계입니다.

3. 물이 포도주로 변한 이적

1) 이러한 이적은 하나님만이 가능한 것입니다.
예수님이 하나님이신 것과 우리의 구원자이심을 증명하는 사건입니다.
2) 예수님을 믿고 구원 받는 것은 물이 포도주로 변하는 것과 같이 새롭게 되는 것입니다.
또한 성도들은 매일 매일 이렇게 새로워져야합니다.

3) 500년 전에 종교 개혁을 허락하신 하나님께서 오늘 우리가 매일 매일 주님 안에서 새로워지기를 원하시는 것입니다.

우리가 가진 성경 해석이나 번역 중에 틀린 것이 가끔 있는데, 사실 우리는 그 틀린 사실 마저 모르고 있습니다.

이런 것들을 하나하나 찾아내서 바로잡아야합니다, 곧 주님이 오실 터인데 주님 오시는 그날까지.

4. 여자여 나와 무슨 상관이 있나이까.

예수님께서 이루어나가시는 구원 역사는 인간의 뜻에 좌우되지 않는 다는 말씀입니다.

비록 어머니일지라도 하나님 뜻을 변경시킬 수는 없다는 뜻입니다. 다만 사람은 하나님 뜻에 따라 이용될 뿐입니다.

5. 내 때가 아직 이르지 못하였나이다.

1) 예수님께서 이적을 베푸실 때가 아직 이르지 않았다는 뜻입니다. 비록 잠시 뒤의 일이라 할지라도.

2) 궁극적으로는 십자가의 때가 아직 이르지 않았다는 뜻도 됩니다.

6. 하나님의 일

1) 하나님의 일은 하나님의 뜻대로, 정하신 때에, 정하신 방법으로 이 루어집니다.

2) 사람이 원한다고 되고, 원치 않는다고 안 되는 것이 아닙니다. 하나님의 일을 내가 하겠다 또는 나는 하지 않겠다 해서도 안 되는 것입니다.

에 4:14, 이때를 위함이 아닌지 누가 아느냐.

우리는 심고 물을 주면, 자라나게 하시는 분은 하나님이십니다(고전 3:6-7).

웃사의 생각으로는 좋은 일을 했지만, 징계를 받은 것을 생각해야합니다(삼하 6:6-7).

7. 유대인의 결례

성경 말씀이 아니고, 장로들의 유전이라는 뜻입니다.

참고 : in Jesus Christ. 28-37. 유대인의 명절. / 142-144. 요한복음의 특이점.

8. 하인들의 순종

1) **아구까지 채우니** : 온전히 순종함.

2) **연회장에게 갖다 주었더니** : 끝까지 순종함.

제3장
막 12:8은 오역이 아니다

1. 복음서 구절 비교

막 12:8, 이에 잡아 죽여 포도원 밖에 내어 던졌느니라.
마 21:39, 이에 잡아 포도원 밖에 내어 좇아 죽였느니라.
눅 20:15, 포도원 밖에 내어 좇아 죽였느니라.

2. 문장 구성

1) 붙잡다.
2) 내어 좇다.
3) 죽이다.
4) 버리다.

3. 문장 구성 비교

　　　　붙잡다　　내어 좇다　　죽이다　　버리다
막 12:8　이에 잡아　………　　　죽여　　(**) 내어 던졌느
니라

마 21:39　이에 잡아　(**) 내어 좇아　죽였느니라　........

눅 20:15　........　(**) 내어 좇아　죽였느니라　........

(**) : 포도원 밖에.

4. 문장 연결

이에 붙잡아, (포도원 밖에) 내어 좇아, 죽여, (포도원 밖에) 내어 던 졌느니라.

　포도원 농부들이 주인의 아들을 붙잡아서, 포도원 밖으로 끌고 가서, 죽여서, (포도원 밖에) 버린 것입니다.

5. 막 12:8은 오역이 아니다.

1) 오역 주장 사례

마태나 누가 복음은 포도원 밖에서 아들을 죽였다고 했는데, 마가복 음은 포도원 안에서 죽였다고 했기 때문에 이것이 오역이라고 합니다.

2) 주관점이 달라

　위 문장 구성 비교에서 보시는 것 같이 복음서 마다 문장 구성 방법이 달라, 생략한 부분이 있거나 문구의 순서가 다릅니다.

　이것은 복음서 마다 주안점이 다르기 때문입니다.

　마태와 누가는 내어 좇고 죽인 사실에 중점을 두고, 마가는 죽이고 버린 사실에 중점을 두고 기록한 것입니다.

같은 주제를 다루는 성경은 모두모아 비교해서 해석해야합니다.

막 12:8은 오역이 아닙니다.

3) 장소는 문제가 안 된다.

또 농부들이 주인의 아들을 죽인 장소가 포도원 안이냐 밖이냐에 따라 이문장이 전하고자 하는 뜻이 달라지는 것은 아닙니다.

6. 이문장의 뜻

포도원 주인이신 하나님께서 아들 예수님을 보내셨는데, 농부인 이스라엘 백성이 그 아들을 포도원 밖으로 좇아내고, 죽였다는 뜻입니다.

장차 예수님을 십자가에 죽게 할 것을 예언 하는 말씀입니다.

제4장
"천국이 가까왔느니라"는 오역이 아니다

이 구절을 "천국이 왔다"라고 해야 맞는 번역이라고 하는 견해가 있어 과연 그러한지 살펴봅니다.

1. 이 구절이 기록된 성경

1) 세례 요한이 말한 경우
마 3:2, 회개하라 천국이 가까웠느니라.

2) 예수님께서 말씀하신 경우
(1) 전도 하실 때
마 4:17, 회개하라 천국이 가까왔느니라.
막 1:15, 하나님 나라가 가까웠으니.

(2) 제자들에게 전도 명령하실 때
마 10:7, 천국이 가까왔다 하고.

(3) 서기관과 문답하실 때
막 12:34, 네가 하나님의 나라에 멀지 않도다.

2. 천국 = 하나님 나라 = 복음운동

1) 천국은 하나님께서 계신 곳
그러므로 하나님이신 예수님께서 이 세상에 오신 것은 천국이 임한 (온) 것입니다.

2) 천국 = 복음운동
우리 인간이 하나님과 함께 있어야 우리에게 그 것이 천국이 되는 것입니다.
오직 그 길은 우리가 예수님을 믿고 구원 받는 일입니다.

3) 하나님 나라는 하나님의 통치와 지배가 이루어지는 곳입니다
4) 복음운동은 예수님이 오신 때로부터 재림하실 때까지 계속됩니다.

3. "천국이 가까왔느니라"는 오역이 아니다.

1) 천국을 단순히 하나님께서 계시는 곳으로만 보면 "천국이 왔다"는 표현도 맞습니다.
2) 그러나 천국은 복음운동을 뜻하고 하나님의 통치와 지배가 이루어지는 곳이므로 천국이 가까왔다는 표현이 맞는 것입니다.

4. 천국이 가까왔다를 오역으로 보면 안 되는 또 다른 이유

1) 이 말씀은 마태복음에 3번 마가복음에 2번 기록 되어 있는데 이것이 다 오역(오류)라고 하는 것이 됩니다.

2) 또한 이 말씀은 세례 요한이 1번 예수님께서 4번 말씀을 하신 것인데 이것이 다 틀린 말씀을 하셨다고 하는 것이 됩니다.

5. 천국이 왔다라고 하면 안 되는 이유

"천국이 왔다"는 말은 완성형으로 "우리가 천국 안에 있다"는 말입니다.

이제 복음운동이 시작되는 시점인데 천국이 완성되었다고 하면 말이 안 되는 것입니다.

천국 안에서 무슨 회개가 필요하고 무슨 전도가 필요합니까?

제5장

12,000을 "개수"로 보면

1) 지금까지 우리는 새 예루살렘 성의 규모를 파악할 때 숫자 12,000을 "길이"로 보았습니다.

그 결과 길이, 넓이, 높이가 각각 "12,000 스다디온" 되는 거대한 하나의 건물로 이해하였습니다.

12,000 스다디온 = 2,220km(1 스다디온 = 185m).

길이, 넓이 2,220km는 지구 둘레 40,075km의 약1/20(약5%).

높이 2,220km는 에베레스트 산 높이 8,848m의 약250배가 됩니다.

2) 그래서 이번에는 12,000을 길이가 아닌 "개수"로 보려고 합니다.

즉 "12,000 스다디온"을 "길이 12,000×185m"가 아니고 "스다디온 12,000개"로 보려고 하는 것입니다.

지금은 제6호 태풍 '카눈'이 막강한 위세로 우리나라로 북상 중이라 "새만금 잼버리 야영장"을 긴급 철수하고 있는 중입니다.

예를 들면, 큰 산불이 나서 많은 산림 면적이 피해를 보았을 때 "축구장 000개에 해당하는 면적이 피해를 보았다"고 하는 뉴스를 보셨을 것입니다.

바로 이런 개념으로 새 예루살렘 성의 규모를 파악해보려는 것입니다.

3) 성의 사전적 의미

성 : 적의 공격을 막기 위해 흙이나 돌을 길게 이어 쌓아올린 큰 담 형태의 구조물.

성곽 : 적의 공격을 막기 위해 흙이나 돌로 높이 쌓아올린 큰 담이나 구조물.

(1) 성

성의 외곽을 성벽으로 두르고, 성 안에는 크고 작은 건물이 여러 채 있는 것이 성의 일반적인 구조입니다.

(2) 궁

큰 건물을 담장으로 두른 형태는 성전이나 왕궁에서 볼 수 있는 구조인데, 이런 경우는 "성" 이라고 하기 보다는 "궁"이라고 하는 것이 타당하다고 봅니다.

4) 스다디온

1 스다디온 : 174-192m.

성경책의 도량형 환산표에 184.85m로 되어 있어, 필자는 185m로 표기합니다.

(1) 스다디온의 기원은 두 가지입니다.

(a) 고대 원형 경기장의 둘레의 길이

스다디온의 기원 하나는 영화 벤허의 주 무대인 원형 경기장과 같은
형태의 경기장의 "둘레의 길이"입니다.

(b) 고대 올림픽 단거리 경주 거리
또 하나는 고대 올림픽 단거리 육상 경기에서 선수들이 달리는 "직선
거리"입니다.

(2) 그래서 필자는 스다디온을 "직선거리"로만 보지 말고, "둘레의 길
이" 개념으로도 보려고 하는 것입니다.

1. 12,000을 개수로 보면
큰 건물 한 채가 아니고 작은 건물 12,000채가 있는 것입니다.
가로 줄에 110채, 세로 줄에 110채를 곱하면 총 12,100채가 되는데,
가운데서 100채를 빼면 12,000채가 됩니다.

110×110-100=12,000

*가운데 100채 구역 : 하나님과 예수님의 보좌가 있는 구역.

1) 각 건물의 가로, 세로, 높이를 각각 1 스다디온으로 보면
성의 가로, 세로는 각각 110 스다디온(20.35km).
1 스다디온×110=110 스다디온.
110×185m=20,350m(20.35km).
성의 높이는 1 스다디온(185m).

*이 경우에 성의 최소 면적은 가로, 세로 각각 20.35km, 높이는 185m
가 됩니다.

성의 넓이는 이 '최소 면적'에다 길, 생명수의 강, 생명나무 과수원 등
의 면적을 더한 것이 됩니다.

성의 높이는 성곽의 높이 144 규빗(65.6m)보다 훨씬 높게 됩니다.

2) 각 건물의 가로, 세로 네 변의 합을 1 스다디온으로 보면

각 건물의 가로, 세로, 높이는 각각 0.25 스다디온(46.25m).

1 스다디온 ÷ 4=0.25 스다디온.

0.25×185m=46.25m.

성의 가로, 세로는 각각 27.5 스다디온(5.08km).

110×0.25=27.5 스다디온.

27.5×185=5087.5m(5.08km).

성의 높이는 0.25 스다디온(46.25m).

*이 경우에 성의 '최소 면적'은 가로, 세로 각각 5.08km, 높이는
46.25m가 됩니다.

성의 높이는 성곽의 높이보다 좀 낮게 됩니다.

2. 이렇게 생각해 보는 이유

1) 이 성은 하나님께서 만들어 주시는 성

인간의 생각으로 아무리 불가능하다고 생각 되는 것도 모두 다 가능

하십니다.

성이 아무리 크고, 높아도 가능하십니다.

지구의 자전과 공전에 아무 영향을 주지 않게 하는 것도 가능하십니다.

기온과 기압의 차이에도 가능하십니다.

계 21:10, 하나님께로부터 하늘에서 내려오는 거룩한 성 예루살렘.
그러나 바로 다음 구절 때문입니다.

2) 높은 산에서 보이는 규모입니다.

계 20:10, 성령으로 나를 데리고 크고 높은 산으로 올라가.

높은 산에 올라가서 보면 다 볼 수 있는 규모의 면적과 높이입니다.

그러나 아무리 높은 산에 올라간들 길이 2,220km가 보이겠습니까?

더더욱 높이 2,220km가 보이겠습니까?

3) 필자의 새로운 해석이 옳다고 주장하는 것이 아닙니다.

우리의 기존 해석에다가 새로운 이 해석도 한번 고려해보자는 것입니다.

*참고 말씀 : 내 아버지 집에 거할 곳이 많도다(요 14:2).

많도다 : 큰 단일 건물이기 보다는 여러 개의 건물이라는 뜻으로 봅니다.

3. 계 14:20의 1,600 스다디온

이 구절의 1,600도 "길이"로 볼 수 있고, 또 "개수"로도 볼 수 있습니다.

1) 길이로 보면, 1,600 스다디온(296km) 길이의 피의 강이 형성된 것이 됩니다.

2) 개수로 보면 하나의 둘레가 185m가 되는 땅 1600개에 해당하는 면적이 피의 바다가 된 것입니다.

***퍼졌더라** : 강처럼 길게 형성된 것이 아니고, 바다 같이 넓게 형성되었다는 뜻으로 보아야 합니다.

4. 맺음말

과연 사도 요한이 이상 중에 본 새 예루살렘성은 어떤 형태와 크기일까요?

1) 거대한 단일 건물인가?

2) 건물 여러 개가 모인 타운인가?

우리가 지금까지 알고 있는 대로는 가로, 세로, 높이가 각각 2,220km인 거대한 단일 황금 건물입니다.

그러나 필자가 다시 살펴본 대로는 가로, 세로, 높이가 각각 185m(또는 46.25m)인 황금 건물12,000채가 모여 있는 타운 형태입니다.

과연 어떤 형태일지 기대됩니다.

*참고 : 현존 최고 높이의 건물.

우리나라 : 서울의 롯데월드 타워 555m.

전 세계 : UAE 두바이의 부르즈 칼리파 828m.

*새 예루살렘 성의 위치, 규모와 구조는 예수님께서 재림하시는 때에 확인하게 됩니다.

신령한 몸으로 부활. 변화된 우리가 살 곳이니까요.

그런데 출애굽 홍해의 깊이는 지금 당장 확인 해 볼 수가 있습니다.

이집트 누웨이바 앞 바다 수심 32.4m, 선박이나 드론에 측정 장비를 달면 쉽게 알아 볼 수 있을 것입니다.

*KJV과 비교

스다디온이 KJV에는 "펄롱"으로 기록되어 있습니다.

1) 성경 구절

계 14:20, ··· by the space of 1,600 furlongs.

계 21:16, ··· 12,000 furlongs.

2) 펄롱과 스다디온

1 펄롱 : 1/8 mile = 201.17m(로마식 마일로는 185m).

결국 스다디온과 펄롱은 같은 값입니다.

3) 펄롱은 면적

공간, 우주, 장소, 구역.

KJV는 펄롱을 길이보다는 면적 개념으로 보고 있습니다.

4) 마침표

계 21:16,⋯ furlongs. The length ⋯

우리말 성경에는 '......스타디온이요' 다음에 마침표가 없는데 KJV에는 '⋯ furlongs' 다음에 마침표가 있습니다.

KJV과 같이 끊어 읽는 것이 바른 해석에 도움이 된다고 봅니다.

*위키백과의 설명 참고

스타디온(단위) : 경기장 규모에서 비롯된 단위.

스타디온(달리기 경주) : 고대 올림픽의 달리기 경주.

펄롱 : 야드 파운드법과 미국 단위계에서 쓰는 길이의 단위, 1펄롱은 1/8 마일.

*재림과 이후의 역사 진행

예수님의 재림과 이후의 역사 진행을 다시 정리합니다.

1. 말세 7년 대환난

1) 전 3년 반 대환난(1260일)

2) 극심한 환난(30일)

3) 재림을 기다리는 시간(45일)

2. 예수님 재림

1) 예수님 공중 재림
2) 성도들의 부활(변화), 휴거

3. 땅 심판

1) 땅을 심판하심(965일)
2) 지상 정결 기간(220일)

4. 지상 강림

1)새 예루살렘 성이 하늘에서 땅에 내려 옴
2)예수님과 휴거된 성도들이 지상에 내려와 성에 들어 감

5. 천년왕국

1)천년왕국
2)곡과 마곡 전쟁

6. 백보좌 심판

1) 불신자들의 부활

2) 백보좌 심판

7. 천국과 지옥

1) 영원한 천국

2) 영원한 지옥

*위 표는 고 이병규 목사님의 신구약 성경 66권 강해서 중에서 다니엘 에스겔 P. 656-657의 "70 이레 해석도"와 "말세 대환난도"(마라나타 2, P. 317) 그리고 필자가 재구성한 "말세 대환난도"(마라나타 2, P. 344-345)를 토대로 "재림과 이후의 역사의 진행"을 추정하여 정리한 것입니다.

피날레

필자는 그동안 10년이 넘는 기간에 9권의 책을 써서 4권을 남깁니다.

*마라나타 2 〈밀알출판사〉

*홍해 바닷길은 한강보다 넓다 2 〈밀알출판사〉

*in Jesus Christ 〈도서출판 해븐〉

*귀 있는 자는 2 〈도서출판 해븐〉

이 책들의 주제는 두 가지입니다.

*지금은 예수님 다시 오실 때가 다 되었다.

*성경 바르게 번역하고, 바르게 해석 하자.

아무쪼록 이 책들을 통해,

*성도 여러분의 바른 성경 지식이 풍부해지시길 바랍니다.

필자는 그동안

*이 책들이 널리 읽히길 바랐고,

*내용에 공감하시는 분이 늘어나길 바랐고,

*동역자가 나타나길 바랐습니다.

그러나 현실은 쓸쓸합니다.

마틴 루터가 1517년 10월 31일 개혁 95조를 발표 하였습니다.

만약에 그가,

*그 내용을 미리 누구와 상의하고,

*누구에게 자문을 구하고,

*협조자를 구했다면,

　　과연 그 개혁문이 세상에 발표 될 수 있었을까?

　　필자는 참 아둔합니다.

　　손에 쥐어줘도 모릅니다.

　　자세히 설명을 해줘야 알아듣습니다.

　　일이 다 끝나가니까 이제야 알 것 같군요.

　　그러나 성도 여러분,

*주님 오실 때가 다 된 것은 분명합니다.

　　　　　　　　　2023. 10. 31.

　　　　　　　　　　　　　　　이재학 씀

귀 있는 자는 2
have an ear

초판 1쇄 발행 2023. 11. 15.

지은이 이재학

발행인 이미숙
편집인 염성철

펴낸곳 도서출판 해븐
등록번호 제 2005-13호
등록된 곳 경기도 고양특례시 일산서구 산현로 92번길 42
출판부 031-911-1137
ISBN 979-11-87455-53-0   03230

도서출판 해븐은 하나님의 백성들이 주기도를 통해서 날마다 기도하는 대로 이 땅에 하나님 나라가 이루어지고 주님께서 다시 오셔서 영원한 하나님의 나라가 임하기까지 하나님의 나라를 전하고 세우는 일을 계속할 것이다.